マンガで読む 戦国の徳川武将列伝

すずき孔 著／小和田哲男 監修

戎光祥出版

目次

はじめに

本書ではワシの祖父《そふ》清康《きよやす》から
息子《むすこ》の秀忠《ひでただ》の時代までのおよそ
100年間に松平《まつだいら》・徳川家で活躍した
家臣たちの人物像《じんぶつぞう》を紹介している！
ぜひ読んでくだされ

若き日の家康

およそ100年続《ねんつづ》いた戦国争乱《せんごくそうらん》の時代《じだい》を終《お》わらせたのは徳《とく》川《がわ》家康《いえやす》である。その後《ご》、約260年間《かん》、国内《こくない》では戦《たたか》いがなく、対外侵略《たいがいしんりゃく》もなかったため、「徳川の平和《へいわ》」といわれている。先《さき》を行《い》った織田信長《おだのぶなが》および豊臣秀吉《とよとみひでよし》の成功《せいこう》の経験《けいけん》、失敗《しっぱい》の経験にしっかり学《まな》びながら、リーダーシップを発揮《はっき》した家康の功績《こうせき》が大《おお》きかったことはいうまでもない。

しかし、それと同《おな》じくらい、家康の天下統一事業《てんかとういつじぎょう》を支《ささ》えた徳川家臣団《かしんだん》の働《はたら》きも大きかった。本書《ほんしょ》は「徳川四天王《してんのう》」といわれる酒井忠次《さかいただつぐ》・本多忠勝《ほんだただかつ》・榊原康政《さかきばらやすまさ》・井伊直政《いいなおまさ》をはじめとする徳川家臣団にスポットをあてている。家康《いえやす》がまだ松平元《まつだいらもと》康《やす》といっていた三河時代《みかわじだい》から江戸幕府樹立《えどばくふじゅりつ》まで、徳川家臣団はいくつもの戦いを経験し、「三方ヶ原《みかたがはら》の戦い」の大敗北《だいはいぼく》や、「神君伊賀越《しんくんいがご》えの危難《きなん》」といわれる命《いのち》からがらの逃避行《とうひこう》もあった。家康は家臣たちに支《ささ》えられて、晴《は》れて征夷大将軍《せいいたいしょうぐん》の地位《ちい》

ワシが今川家《いまがわけ》の人質《ひとじち》だった幼少期《ようしょうき》から
織田家《おだけ》との同盟《どうめい》で勢力《せいりょく》を拡大《かくだい》した壮年期《そうねんき》
豊臣傘下《とよとみさんか》で力《ちから》を蓄《たくわ》えた中年期《ちゅうねんき》
江戸幕府《えどばくふ》を開《ひら》き全国《ぜんこく》の覇者《はしゃ》となった
高年期《こうねんき》までの歴史的《れきしてき》な流《なが》れがよくわかる
知《し》られざるエピソードも満載《まんさい》なんじゃ

将軍就任後の家康

を得ることができたのである。

本書は、そうした家康を支《ささ》えた武将《ぶしょう》たちについて、エピソードをまじえながら紹介《しょうかい》している。一般的《いっぱんてき》によく知《し》られたエピソードもあれば、これまであまり語《かた》られてこなかったエピソードもあり、読《よ》んで楽《たの》しく、かつ勉強《べんきょう》になる列伝《れつでん》に仕上《しあ》がったのではないかと思《おも》っている。

著者《ちょしゃ》のすずき孔《こう》さんは、「参考文献《さんこうぶんけん》」欄《らん》の書籍《しょせき》の点数《てんすう》からもうかがわれるように、関連《かんれん》する資料《しりょう》によく目《め》を通《とお》され、講演会《こうえんかい》やシンポジウムなどの最新《さいしん》の研究《けんきゅう》にも目配《めくば》りされていている。本書は、いま一番新《いちばんあたら》しい徳川家臣列伝といってよい。家康の天下取《と》りを支《ささ》えた家臣たちの思《おも》いにふれていただければ幸《さいわ》いである。

小和田哲男

戦国最強《せんごくさいきょう》の家康《いえやす》の懐刀《ふところがたな》

本多忠勝《ほんだただかつ》

岡崎公園《おかざきこうえん》にある
こんな銅像《どうぞう》をご存《ぞん》じだろうか
彼《かれ》が今回《こんかい》の主人公《しゅじんこう》である
彼《かれ》の名《な》は本多平八郎忠勝《ほんだへいはちろうただかつ》（1548〜1610）
8回描き直させたといわれる肖像画。だからきっと本人には全然にてないと思われます…
徳川四天王《とくがわしてんのう》の一人《ひとり》にして徳川随一《ずいいち》の猛将《もうしょう》である
とにかく彼《かれ》は強《つよ》かった！

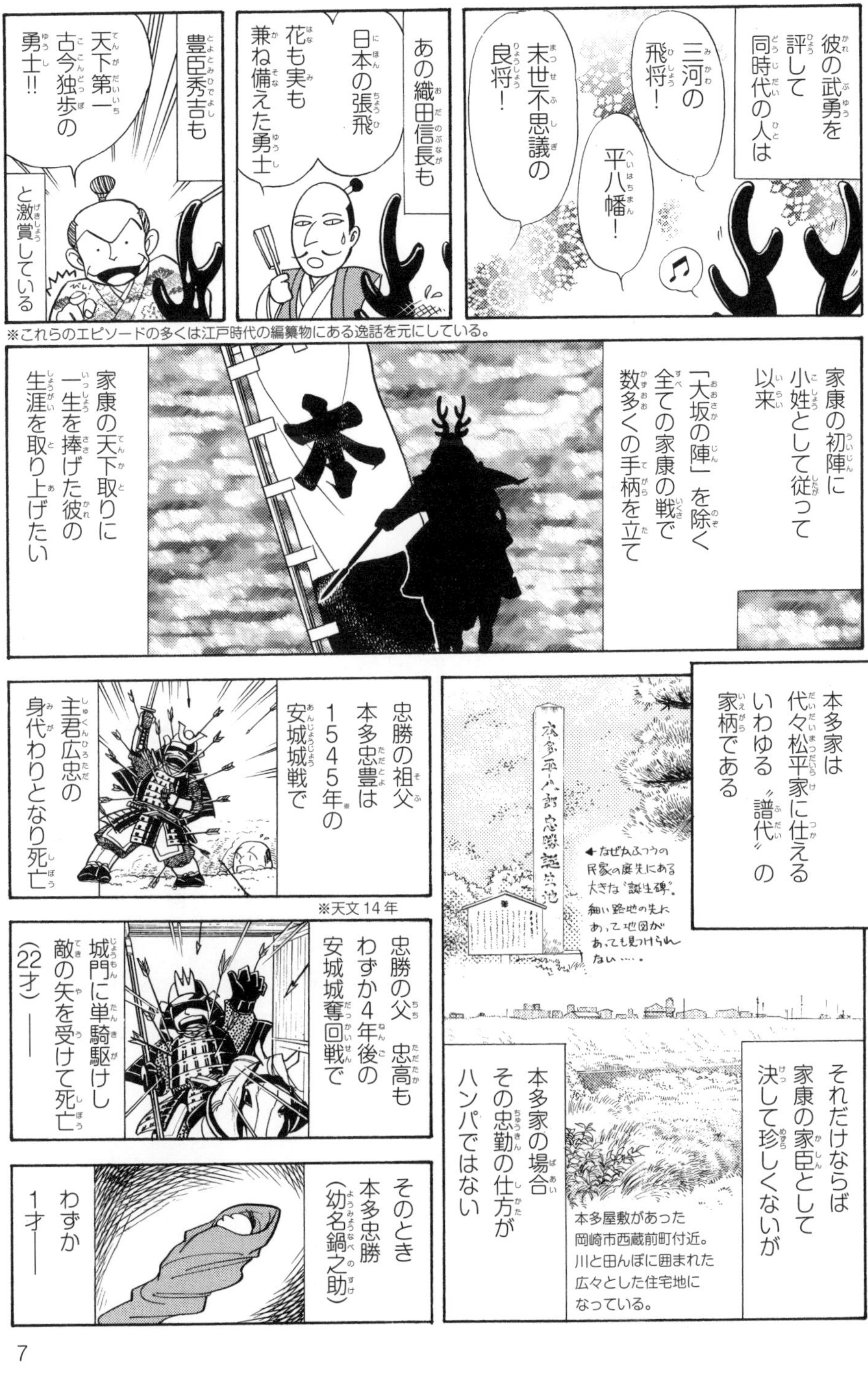

彼《かれ》の武勇《ぶゆう》を評《ひょう》して同時代《どうじだい》の人《ひと》は
三河《みかわ》の飛将《ひしょう》!
平八幡《へいはちまん》!
末世不思議《まっせふしぎ》の良将《りょうしょう》!
♪
あの織田信長《おだのぶなが》も
日本《にほん》の張飛《ちょうひ》花《はな》も実《み》も兼《か》ね備《そな》えた勇士《ゆうし》
豊臣秀吉《とよとみひでよし》も
天下第一《てんがだいいち》古今独歩《ここんどっぽ》の勇士《ゆうし》!!
と激賞《げきしょう》している
※これらのエピソードの多くは江戸時代の編纂物にある逸話を元にしている。
家康の初陣《ういじん》に小姓《こしょう》として従《したが》って以来《いらい》
「大坂《おおさか》の陣《じん》」を除《のぞ》く全《すべ》ての家康の戦《いくさ》で数多《かずおお》くの手柄《てがら》を立《た》て
本
家康の天下《てんか》取りに一生《いっしょう》を捧《ささ》げた彼《かれ》の生涯《しょうがい》を取《と》り上《あ》げたい
本多家は代々松平家《だいだいまつだいらけ》に仕《つか》えるいわゆる〝譜代《ふだい》〟の家柄《いえがら》である
◀なぜかふつうの民家の庭先にある大きな"誕生碑"。細い路地の先にあって地図があっても見つけられない……。
それだけならば家康の家臣《かしん》として決《けっ》して珍《めずら》しくないが
本多家の場合《ばあい》その忠勤《ちゅうきん》の仕方《しかた》がハンパではない
本多屋敷があった岡崎市西蔵前町付近。川と田んぼに囲まれた広々とした住宅地になっている。
忠勝の祖父《そふ》本多忠豊《ただとよ》は1545年※の安城城《あんじょうじょう》戦で
主君広忠《しゅくんひろただ》の身代《みが》わりとなり死亡《しぼう》
※天文14年
忠勝の父《ちち》忠高《ただたか》もわずか4年後《ねんご》の安城城奪回戦《だっかいせん》で
城門《じょうもん》に単騎駆《たんきが》けし敵《てき》の矢《や》を受《う》けて死亡《しぼう》(22才)──
そのとき本多忠勝(幼名鍋之助《ようみょうなべのすけ》)
わずか1才──

※永禄5年

※1永禄6年

※2現在では単に「三河一揆」と呼ばれることが多い。実際は反家康勢力と家康側との戦いであり一向宗との戦いはメインではなかった。

忠勝を有名《ゆうめい》にしたのは「一言坂《ひとことざか》の戦《たたか》い」（1572年※）である！
遠州袋井《えんしゅうふくろい》から見附《みつけ》に侵入《しんにゅう》してきた武田軍《たけだぐん》との一戦《いっせん》で
※元亀3年
忠勝は退却《たいきゃく》する味方《みかた》の殿軍《しんがり》を買《か》って出《で》――
民家《みんか》に火《ひ》をかけ追撃《ついげき》してくる敵《てき》を防《ふせ》ぎながら
収束《しゅうそく》した味方《みかた》を反転《はんてん》させ迎撃《げいげき》――
これを繰《く》り返《かえ》し見事一兵《いっぺい》も失《うしな》わず一言坂まで戻った
最後尾《さいこうび》に立《た》った忠勝は単騎両軍《たんきりょうぐん》の間《あいだ》に入《はい》り
見事な馬《うま》さばき槍《やり》さばきで敵を寄《よ》せつけず
主君家康を本陣《ほんじん》に帰《き》せしめたのであった！
その後《ご》武田軍の者《もの》がこんな高札《こうさつ》を立《た》てたという
家康に過ぎたるものが二つあり唐の頭に本多平八
ちなみに「唐《から》の頭《かしら》」とは舶来《はくらい》の珍重品《ちんちょうひん》とされるヤクの毛《け》で飾《かざ》った兜《かぶと》で
当時三河衆《とうじみかわしゅう》の10人に8人は着《つ》けていたらしい
ローカルブーム

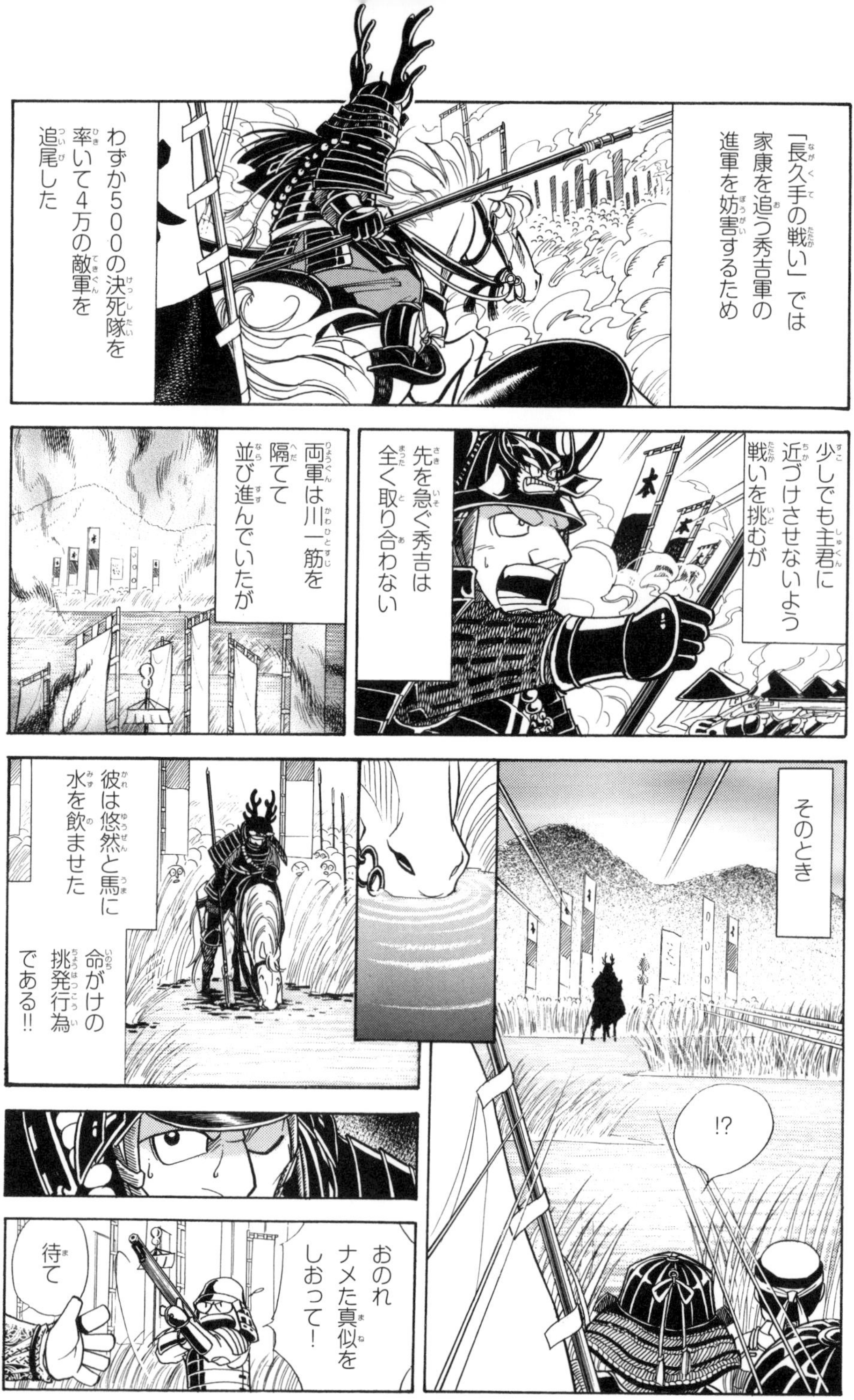
「長久手《ながくて》の戦《たたか》い」では
家康を追《お》う秀吉軍の
進軍を妨害《ぼうがい》するため
わずか500の決死隊《けっしたい》を
率《ひき》いて4万の敵軍《てきぐん》を
追尾《ついび》した
少《すこ》しでも主君《しゅくん》に
近《ちか》づけさせないよう
戦《たたか》いを挑《いど》むが
先《さき》を急《いそ》ぐ秀吉は
全《まった》く取《と》り合《あ》わない
両軍《りょうぐん》は川一筋《かわひとすじ》を
隔《へだ》てて
並《なら》び進《すす》んでいたが
そのとき
!?
彼《かれ》は悠然《ゆうぜん》と馬《うま》に
水《みず》を飲《の》ませた
命《いのち》がけの
挑発行為《ちょうはつこうい》
である!!
おのれ
ナメた真似《まね》を
しおって!
待《ま》て

あの少勢《しょうせい》でわが軍と戦《たたか》えば千死《せんし》に一生《いっしょう》もないであろうに……
あのような勇者《ゆうしゃ》は生《い》かしておくものぞ
秀吉は涙《なみだ》を流《なが》しその様子《ようす》を傍観《ぼうかん》させたという――
やがて両軍《りょうぐん》の和平《わへい》が成立《せいりつ》すると
忠勝に惚《ほ》れ込《こ》んだ秀吉は彼の心を動《うご》かそうとさまざまな贈《おく》り物《もの》をする
豊臣忠勝
官位
← 従五位下・中務大輔の叙任
「貞宗」の脇差 ↓
↑「豊臣」の姓(辞退)
おおっ
うらやましゅうござる!
ついには諸大名《しょだいみょう》居並《いなら》ぶなか忠勝を呼《よ》び寄《よ》せ
忠勝
佐藤忠信《さとうただのぶ》※の兜《かぶと》を贈《おく》り往時《おうじ》の勇姿《ゆうし》を紹介《しょうかい》した
※源義経の忠君として有名な武将。
全国《ぜんこく》の大名の前《まえ》でその勇武《ゆうぶ》を披露《ひろう》・称賛《しょうさん》される
パチ パチ パチ パチ
一武人《いちぶじん》にとってこれ以上《いじょう》の名誉《めいよ》はないといってよい
↑拍手をする習慣はまだないと思います……
だが家臣《かしん》にならぬかとの誘《さそ》いに忠勝は秀吉の恩《おん》に厚《あつ》く感謝《かんしゃ》しつつも
家康公は譜代《ふだい》の主《あるじ》でございますれば…!
と涙《なみだ》ながらに断《ことわ》った
英雄《えいゆう》、英雄を知《し》るという――
陣営《じんえい》は違《ちが》えど秀吉は忠勝の武勇《ぶゆう》に最高《さいこう》の敬意《けいい》を示《しめ》し
忠勝もまた最高の誠意《せいい》で応《おう》じたのであった

やがて関ケ原《せきがはら》
家康の背後《はいご》には敵軍《てきぐん》
毛利《もうり》・長宗我部《ちょうそかべ》が
陣取《じんど》っていたので
兵士《へいし》たちは
不安《ふあん》がっていた
本多殿…ヤツら
いつこっちに
攻《せ》めてくるか…
もし毛利軍に戦《たたか》う
意志《いし》あらば山《やま》を降《お》りて
布陣《ふじん》するはずだろう
山上《さんじょう》にいるのは
そのつもりが
ないからよ
忠勝のこの
的確《てきかく》な判断《はんだん》に
味方《みかた》の心配《しんぱい》は
一掃《いっそう》された！
不敗《ふはい》の軍神《ぐんしん》の
一言《ひとこと》は
本多殿が
おっしゃる
のなら…
ホッ…
誰《だれ》の言葉《ことば》より
信頼《しんらい》が
おけたのだろう
決戦《けっせん》が始《はじ》まると
忠勝は島津《しまづ》・宇喜多《うきた》と
激突《げきとつ》――
本多隊はわずか
500の兵《へい》で
90余《あま》りの首《くび》を
取《と》った
勝利《しょうり》の後《あと》　福島正則《ふくしままさのり》が
その采配《さいはい》の見事さを
誉《ほ》め称《たた》えたところ
いやなに
敵《てき》が弱《よわ》すぎたので
ござるよ
53才の老将《ろうしょう》は
笑《わら》いながら
そう答《こた》えたという

戦後処理《せんごしょり》における一《ひと》つの
エピソードが残《のこ》っている
忠勝は娘婿《むすめむこ》の
真田信之《さなだのぶゆき》を伴《ともな》い
西軍《せいぐん》に加担《かたん》した
真田昌幸《さなだまさゆき》・信繁《のぶしげ》（幸村《ゆきむら》）の
助命《じょめい》を徳川《とくがわ》家康に嘆願《たんがん》した
しかし真田軍に
苦《くる》しめられた
家康が
聞《き》き入《い》れる
はずもない
すると忠勝は…
よろしい
ならば殿《との》と
一戦《いっせん》する
までござる
信之
これには
家康ばかりか
信之も
あっけに
とられた
真田父子《さなだおやこ》は切腹《せっぷく》を
まぬがれ配流《はいる》となる
このことが後々《のちのち》正《ただ》しかった
かどうかは別《べつ》として……
「守《まも》ると決《き》めたら
命《いのち》がけで守《まも》る」
死んだ後のことなどしらん！
しゅうととしての義理は果たしたぞ！
彼《かれ》はそんな男気《おとこぎ》のある
人間《にんげん》であった

忠勝は生涯《しょうがい》57回《かい》の
合戦《かっせん》に参加《さんか》したが
一度《いちど》も刀傷《かたなきず》を
負《お》わなかった
という
それは単《たん》に
勇将《ゆうしょう》であった
だけではなく
激戦《げきせん》のなか
常《つね》に状況《じょうきょう》を
冷静《れいせい》に判断《はんだん》し
軍勢《ぐんぜい》の駆《か》け引《ひ》きに通《つう》じた
〝戦《いくさ》のプロ〟だったことを
物語《ものがた》る
本
これと対照的《たいしょうてき》なのが
同僚《どうりょう》の井伊直政《いいなおまさ》である
いつもキズだらけ
無謀《むぼう》な突撃《とつげき》を
いくら諫《いさ》めても
聞《き》こうとしないので
見《み》かねた
家臣《かしん》らが
手打《てう》ち覚悟《かくご》で
連署《れんしょ》して諫《いさ》めた
諫書
古《いにしえ》より進《すす》まず退《ひ》かざる
良将《りょうしょう》とは忠勝殿のこと
である。殿《との》は忠勝殿を
見習《みなら》うべきである…!
家臣一同《いちどう》
直政もさすがに忠勝の
采配《さいはい》には敬意《けいい》を
払《はら》っていたので
この率直《そっちょく》な諫言《かんげん》にも怒らず
彼らを罰《ばっ》する
ことはなかったという……

※慶長6年
1601年※
忠勝は東海道《とうかいどう》に位置《いち》する
要衝《ようしょう》の地《ち》・伊勢桑名《いせくわな》に
移封《いほう》
1610年※
同地《どうち》で病没《びょうぼつ》・享年《きょうねん》63
息子《むすこ》2人を大名《だいみょう》にし
平穏《へいおん》な老後《ろうご》で
あったという
※慶長15年
遺書《いしょ》に曰《いわ》く
侍《さむらい》は首取《くびと》らずとも
不手柄《ふてがら》なりとも
事《こと》の難《なん》に臨《のぞ》みて
退《ひ》かず
主君《しゅくん》と枕《まくら》を並《なら》べて
討《う》ち死《じ》にを遂《と》げ、
忠節《ちゅうせつ》を守《まも》るものを指《さ》して
侍《さむらい》と曰《い》ふ――
血《ち》なまぐさい戦場《せんじょう》を
駆《か》け巡《めぐ》った人《ひと》で
あったが
その思《おも》い切《き》りのよい
生《い》き方《かた》には清々《すがすが》しささえ
感じる
何《なに》ものにも
とらわれず
徳川《とくがわ》の「侍《さむらい》」という
戦《いくさ》の職人《プロ》に徹《てっ》したこと
それこそ彼《かれ》の
真《しん》の強《つよ》さで
あったと思《おも》う

≪参考文献≫　「本多平八郎忠勝傳」（本多敏樹監修／忠勝公顕彰会）「徳川家臣団～組織を支えたブレーンたち」（綱淵謙錠／講談社）「家康の臣僚」（中村孝也／国書刊行会）　歴史読本「徳川家康と十六神将」（新人物往来社）「家康十六武将」（徳永真一郎／毎日新聞社）「特別展図録　本多家とその家臣団」（三河武士のやかた家康館）

本多忠勝　その他のエピソード集

忠勝、人糞で伏兵を発見

忠勝《ただかつ》、13才の初陣《ういじん》のときのこと。家康《いえやす》について物見に出た忠勝は家康のもとに来て
「殿、ここより先に進んではなりませぬ。それがしただ今人糞《じんぷん》を踏みつけましたが、まだ新しく臭いも甚だしゅうございます。必ず敵がこの近くに潜んでおります」
と言って周囲を探索した。すると、その通り敵の伏兵が隠れていて、忠勝に見つかるとすぐに逃げていった。
　家康は忠勝を皆の前で賞し、
「忠勝は人糞を発見したのは彼の注意深さ、それを伏兵と読んだのは彼の知恵である。それも見事だが、それ以上に見事なのは直ちに敵の探索にあたったその勇気である」
と言って褒《ほ》め称《たた》えたという。
　忠勝の戦場での勘の良さもさることながら、その注意力や知恵より、むしろ彼の心意気を評価するあたりが、人間観察力に優れた家康らしいといえる。

14才の忠勝、群衆を一喝

桶狭間《おけはざま》の後、家康が信長《のぶなが》と同盟を結ぶべく清洲《きよす》を訪れたときのこと。かつて織田家《おだけ》に人質となっていた三河《みかわ》の家康を一目見ようと、清洲城の兵士たちが集まって騒いでいた。
　すると、一行に加わっていた忠勝が先頭に進み出て一喝。
「本日わが君がわたらせ給うのを、汝らはなぜこのように騒ぐのか。無礼であろう！」
と声高に罵ったので、周りにいた人々はみな恐《おそ》れおののいたという。※

※なお信長と家康が清洲城で会談したことは、現在では否定されている。

舟の櫂でヨシを切る

「関ヶ原《せきがはら》の戦い」のあと、忠勝は大多喜《おおたき》10万石から桑名《くわな》10万石に転封となり、そこで晩年を過ごす。次男の忠朝《ただとも》とともに舟に乗り、芦原を通った忠勝は、そこにヨシが一面に生い茂っているのを見て、
「舟の櫂《かい》であのヨシを切ってみよ」
と命じた。忠朝が片手で櫂を持ち、芦原を薙《な》ぐとヨシが5メートルほど倒れた。これを見た忠勝、
「ふがいない奴だ。わしが薙いでみせよう」
と、片手で櫂の根元を持ち、手を伸ばしてさっと芦原を薙ぐと、ヨシは根元から60センチのところで鎌で刈ったようにきれいに切れ、空き地のようになった。
　忠勝の家臣たちがその櫂を持ち上げてみると、普通の人間では2人がかりで持ち上げられないほどの重さだった。
　人々はこの親子2人の腕力に改めて驚き、あきれたという。

佐藤忠信の兜、その後

本編でもご紹介したが、秀吉は諸大名の並み居るなかで、忠勝の忠義と武勇を褒め称えるため、忠臣として知られる佐藤忠信の兜を彼に贈った。このとき見ていた人々は口々に
「これぞ武門の誉れよ」
と、羨ましがったという。
だが、これには後日談がある。忠勝自身は実はこの兜をさほどありがたいとは思っておらず、
「自分は忠信の武勇にあやかろうと思ったことはないし、それに忠信は六位、自分は彼の主人の義経と同じ五位の諸太夫だ。忠信の兜より我が家代々の鹿角の兜のほうが、よほど秘蔵の品ではないか」
と周囲に話していた。結局この兜は次男忠《ただ》朝《とも》に与えられたが、忠朝もこの兜をしころも付けず放っておいたという。
忠勝のプライドの高さが感じられる話である。

天才武将の父を持ったがために…

忠勝の次男忠朝は父の資質《ししつ》をよく受け継ぎ、関ヶ原では二人を胴斬りにし、反り返った刀を鞍の前輪で直しながら敵を迎え撃ったという。
しかし、父・忠勝の死後「大坂《おおさか》の陣《じん》」でのこと。大坂城攻撃における自分の配軍《はいぐん》があまりに不公平だと家康に申し出たところ
「そなたの父はそんなことは言わなかったぞ。父に似ずなんと役立たずな男だ」
と家康に言われてしまう。
この言葉に憤慨した忠朝は「大坂夏の陣」で名誉回復を密かに誓い、戦が始まると真っ先に攻撃を仕掛け、奮戦の末討ち死にした。彼の遺体を見た家康は、
「惜しい男を死なせてしまった」
と、涙したという。
なお、日ごろから酒豪であった忠朝は泥酔して大事な戦いに遅参し、そのため敵に討ち取られたともいわれており、
「以後怨霊となって酒を封じてやる」
と言って死んだという言い伝えもある。そのため、「禁酒の神様」としても知られている。

本多忠勝 ゆかりの地

岡崎・安城周辺

①岡崎公園《おかざきこうえん》（愛知県岡崎市康生町）

忠勝と家康を合祀した龍城神社《たつきじんじゃ》のほか、忠勝の銅像も見られる。また、敷地内の「三河武士《みかわぶし》のやかた家康館」では不定期に本多忠勝所用「黒糸縅胴丸具足《くろいとおどしどうまるぐそく》」（有名な鹿角兜の甲冑）展示が行われるほか、蜻蛉《とんぼ》切《きり》のレプリカも常設展示している。

なお、同館の映像コーナーでは「歴史とおめがね」という、忠勝の登場するアニメ番組を見ることができる。

②本多平八郎出生地《ほんだへいはちろうしゅっせいち》（愛知県岡崎市西蔵前町）

本多氏の居城西蔵前城《にしくらまえじょう》の近くに位置する。「本多平八郎忠勝誕生地」と書かれた石碑が建っている。

③洞城《ほらじょう》（愛知県岡崎市洞町）

忠勝一家が西蔵前を引き払った後に住んだ城があった。現在はわずかに土塁《どるい》や堀、切岸《きりぎし》の跡が残っている。

④欠城址《かけじょうし》（岡崎市大平町字天神前）

忠勝の叔父忠真《ただまさ》の居城であり、父を亡くした忠勝はここに引き取られて育てられたと伝えられている。

正確な位置は不明だが『知っておきたい岡崎の人物伝・本多忠勝』の著者・市橋章《いちはしあき》男《お》氏は、江戸時代の絵師石川貫河堂《いしかわかんがどう》の絵に描かれた天神社の位置から、大平八幡宮のすぐ隣と推定されている。

⑤伊賀八幡宮《いがはちまんぐう》（愛知県岡崎市伊賀町）

松平・徳川家の氏神である。この神社の宮司柴田某が夢のお告げによって忠勝の鹿角兜を作ったという伝説がある。毎年4月に行われる家康行列の出発地である。

⑥西岸寺《さいがんじ》（愛知県岡崎市康生通南）

忠勝はじめ、本多家代々の位牌が安置されている寺院。

⑦妙源寺《みょうげんじ》（愛知県岡崎市大和町）

境内には忠勝の祖父忠豊《ただとよ》、父忠高《ただたか》の墓のほか安藤氏、高木主水《たかぎもんど》、平岩親吉《ひらいわちかよし》、長坂血槍九郎の墓もある。

⑧安城城址（愛知県安城市安城町城堀）

忠勝の父忠高が討死した場所に墓碑が建てられている。また近くには同じく安城城攻防戦で戦死した忠豊（忠勝の祖父）の墓碑もある。

千葉県大多喜町

①大多喜城《おおたきじょう》（千葉県大多喜町大多喜）

家康の関東移封によって忠勝が赴任し、築いた城。大多喜町では毎年忠勝を主役にした武者行列《むしゃぎょうれつ》「大多喜お城まつり」が行われる。

②良玄寺《りょうげんじ》（千葉県大多喜町新丁）

忠勝とその夫人、次男忠朝《ただとも》の墓がある。墓地に隣接して忠勝公園がある。開山は徳

岡崎
忠勝まっぷ
ふふふ
どれだけ
踏破できる
かな
本多平八郎出生地
青木川
桶狭間の後、
忠勝が家康と
共に入った
大樹寺
東名高速道路
大門
248
井田城址
酒井忠次出生地
西光寺
桶狭間の時家康を
守るために死んだ
僧たちの塚がある
矢作川
伊賀八幡宮
北岡崎
岡崎北高
伊賀川
能見城址
名鉄本線
清康・広忠の墓
大林寺
西岸寺
随念寺
清康の墓
忠勝の直系、
故本多忠次氏住宅
旧本多邸
（東公園内に移築予定）
矢作橋
Libra
籠田公園
中岡崎
岡崎市役所
東公園
岡崎公園前
岡崎城
東岡崎
国道1号線
菅生川
六所神社
洞城址
妙源寺
西岡崎
JR東海道線
鳥居氏発祥の地
岡崎高校
欠城址
六名
乙川
岡崎IC

川家ともゆかりの深かった照誉了学《しょうよりょうがく》。

③桜谷寺《おうこくじ》（千葉県大多喜町久保）

忠勝が生母小夜《さよ》のために建立したとされる寺。

静岡県磐田市・三重県桑名市

①一言坂《ひとことざか》の戦跡《せんせき》（静岡県磐田市一言）

「三方ヶ原の合戦」の前哨戦として知られる。武田軍の追撃から味方を逃がすため、忠勝はこの付近に踏みとどまり奮戦した。磐田市の国道一号沿いに「一言坂の戦跡」の石碑と案内板がある。

②桑名城址《くわなじょうし》（三重県桑名市吉之丸）

現在は九華公園という公園になっている。「関ヶ原の戦い」後の転封により忠勝によって築城された。堀の跡がよく残り、敷地近くには忠勝の像もある。

③浄土寺《じょうどじ》（三重県桑名市清水町）

忠勝が晩年を過ごした桑名の地にある、忠勝の墓所。

徳川創成期《とくがわそうせいき》のナンバー2

酒井忠次《さかいただつぐ》

1572年※
家康《いえやす》、三方ケ原《みかたがはら》で武田軍《たけだぐん》に大敗《たいはい》――
家康は命《いのち》からがら浜松城《はままつじょう》へ撤退《てったい》した
※元亀3年
勢《いきお》いを得《え》た武田軍は城《しろ》へ向《む》かってくる!
家康と家臣《かしん》の生命《いのち》はもはや風前《ふうぜん》の灯《ともしび》であった――!
そのとき!!
こ こんな時《とき》に太鼓《たいこ》…?
…威勢《いせい》がいいなあ
まだわが軍《ぐん》はそれほど追《お》い詰《つ》められていない…
ということかな

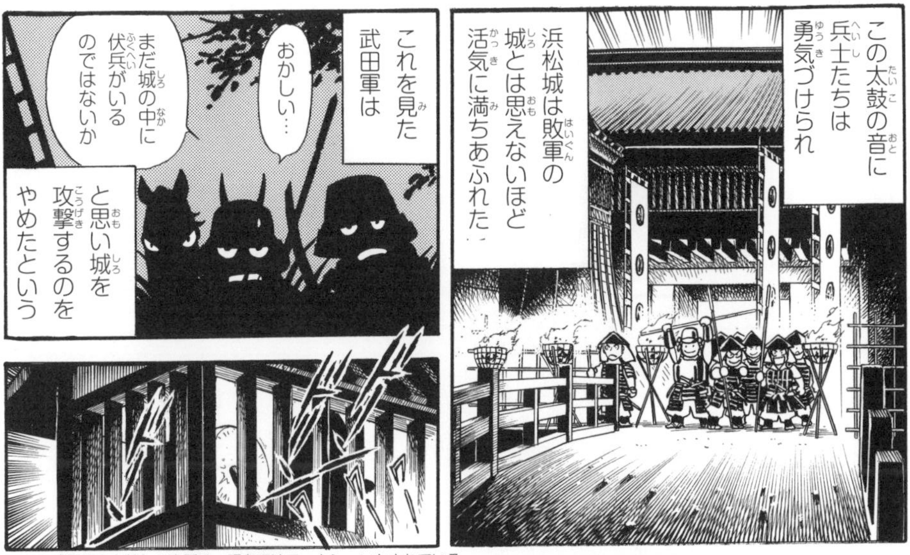
この太鼓《たいこ》の音《おと》に
兵士《へいし》たちは
勇気《ゆうき》づけられ
浜松城は敗軍《はいぐん》の
城《しろ》とは思《おも》えないほど
活気《かっき》に満《み》ちあふれた
これを見《み》た
武田軍は
おかしい…
まだ城《しろ》の中《なか》に
伏兵《ふくへい》がいる
のではないか
と思《おも》い城《しろ》を
攻撃《こうげき》するのを
やめたという

※この「酒井の太鼓」の逸話は、現在ではフィクションとされている。

このときとっさの
機転《きてん》で太鼓《たいこ》を打《う》ち
鳴《な》らし兵《へい》の士気《しき》を
上《あ》げた人物《じんぶつ》こそ
今回《こんかい》の主人公《しゅじんこう》
酒井忠次《さかいただつぐ》
（1527～1596）
徳川四天王《してんのう》の
筆頭《ひっとう》にして家康の片腕《かたうで》
といわれた男《おとこ》である
徳川四天王とは
家康の家臣《かしん》の中《なか》でも特《とく》に
優《すぐ》れた武将《ぶしょう》4人のことで
井伊直政《いいなおまさ》
本多忠勝《ほんだただかつ》
榊原康政《さかきばらやすまさ》
そして今回《こんかい》の
酒井忠次らを
称《しょう》していう
しかし酒井忠次の
地位《ちい》はもともと
ほかの3人《にん》より
はるかに高《たか》い

※あくまで逸話であり「忠」の字はもともと松平家の通字（先祖代々諱につける文字）。忠次の「忠」とは無関係。

※諸説あり（親氏の妻の姉の子ともいわれる）

※実際には今川氏は松平氏領国を政治的・軍事的に保護し、竹千代成人後には彼を親類衆として優遇した。

※実際は今川が東国の紛争に追われ松平への援軍派兵ができず、領国存立のために松平は織田と同盟したという。

戦場《せんじょう》にあっては
常《つね》に先駆《さきが》けを承《うけたまわ》り
その都度《つど》軍功《ぐんこう》を
挙《あ》げぬときはなかった
沈着《ちんちゃく》で戦況《せんきょう》の判断《はんだん》に
すぐれた
良将《りょうしょう》であったという
またある戦《いくさ》で退却《たいきゃく》
せざるをえなくなった
ときのこと…
おまえはまだ いくさに不馴れじゃ 先にいけ！
父を残して 撤退する子が どこにいますかッ
家康と息子《むすこ》の信康が
どちらに先《さき》に退却《たいきゃく》
するかで口論《こうろん》と
なった
早《はや》くしないと
敵《てき》が来《き》てしまい
ますよ
すらっ
あー
皆様《みなさま》が
退《ひ》かれぬ
のなら
拙者《せっしゃ》がお先《さき》に
退《ひ》き申《もう》すヨ
ゾロ
ゾロ
あとはご存分に
では
ポッ――……ン
…
忠次のとっさの
機知《きち》のおかげで
家康父子《おやこ》の
ケンカは
おさまり
…じゃあワシ かえるわ…
ハイ…
味方《みかた》も無事撤退《ぶじてったい》
したという
やがて武田が滅《ほろ》び
家康はその家臣《かしん》たちを
多数《たすう》召《め》し抱《かか》えることに
なったが…
酒井殿
もうガマン
ならん
殿《との》が…「赤備《あかぞなえ》」を
あの井伊《いい》の若造《わかぞう》に
すべて任《まか》せると
おっしゃるのだ
榊原康政
ぜぃ
ぜぃ
ダン
※赤備とは……
勇猛《ゆうもう》で知《し》られる
旧武田軍の精鋭《せいえい》
騎馬軍団《きばぐんだん》のこと

今《いま》まで殿のために働《はたら》いてきた我々《われわれ》にではなくまだ何《なん》の手柄《てがら》も立《た》てていない青二才《あおにさい》の井伊に
ファン
井伊直政《なおまさ》へ（23才）
←35才
この後《あと》もし井伊に会《あ》ったら刺《さ》し違《ちが》えようと思《おも》い今生《こんじょう》のお別《わか》れにと参《まい》りました…
バカモーン!
あの「赤備」はもともとわしにつけられるところをわしが殿にお勧《すす》めして井伊につけてやったんだ
万《まん》が一《いち》きさまがバカなマネをしでかしたらきさまの妻子《さいし》一族《いちぞく》皆串刺《みなくしざ》しにしてくれようぞ!
忠次のあまりの剣幕《けんまく》におされ
康政は渋々《しぶしぶ》引《ひ》き下《さ》がったという
ときに優《やさ》しくときに厳《きび》しく
忠次はナンバー2として年下《としした》の主君《しゅくん》を補佐《ほさ》し、家臣団《かしんだん》を団結《だんけつ》させていった
忠次はまさに家康のかけがえのない“女房役《にょうぼうやく》”であった
徳川はまだ発展途上《はってんとじょう》…
家中《かちゅう》の団結《だんけつ》に少《すこ》しでもヒビが入ったら敵《てき》につけこまれる…
やがて榊原康政は井伊直政と無二《むに》の親友《しんゆう》となり
ともに家康の天下取《てんかと》りに貢献《こうけん》してゆくこととなる
ホ

だがそんな二人《ふたり》の間柄《あいだがら》に微妙《びみょう》な変化《へんか》が訪《おとず》れる
話《はなし》は前後《ぜんご》するが武田滅亡前《たけだめつぼうまえ》のこと
「長篠《ながしの》・設楽原《したらがはら》の戦《たたか》い」の直後《ちょくご》
忠次は織田信長のいる安土城《あづちじょう》へ呼《よ》ばれた
?
忠次 これを読《よ》んでみろ
それは家康の長男《ちょうなん》信康がいかに粗暴《そぼう》で後継《こうけい》としてふさわしくないかを
織田信長の娘《むすめ》で信康に嫁《とつ》いだ徳姫《とくひめ》が12ケ条《かじょう》にわたり報告《ほうこく》したものであった
これによると家康の妻《つま》築山殿《つきやまどの》は武田と内通《ないつう》し
息子の信康もそれを止《と》めもしないという
これは本当《ほんとう》か!?
忠次は12ケ条のうち2条は弁明《べんめい》したが
10条については弁明《べんめい》せず……つまり事実《じじつ》を認《みと》めた

家老《かろう》の忠次も認《みと》めたとおり
もはや信康母子《おやこ》の内通《ないつう》は明白《めいはく》である
わしに遠慮《えんりょ》せず処分《しょぶん》なされよ
家老の忠次がなぜ主君の息子《むすこ》を弁護《べんご》しなかったのか
後世《こうせい》の史家《しか》はこんなことをいっている
織田と同盟《どうめい》を結《むす》んでいるとはいえ
徳川は独立《どくりつ》した大名《だいみょう》でありいつ寝返《ねがえ》るかわからない
家康が今後《こんご》オレに臣従《しんじゅう》する気《き》があるのか
無理難題《むりなんだい》をふっかけて試《ため》してみよう
歯向《はむ》かったら武力《ぶりょく》でツブすまでよ
これがもし織田の天敵《てんてき》武田が大敗《たいはい》する前《まえ》ならば
忠次は信康を弁護《べんご》していたかもしれない
今《いま》の信長を相手《あいて》にする力《ちから》は徳川にはない……
徳川の家《いえ》を守《まも》らねばならない
そのためには信長に従《したが》うしか……!?
結局《けっきょく》信長の要求通《ようきゅうどお》り
家康は泣《な》く泣《な》く妻子《さいし》を殺《ころ》させた
信康はまだ21才の若《わか》さであった

※「信康事件」の真相はいまだ謎であり、一説には外交政策をめぐり対立した信康の謀叛を家康自ら処断したともいわれている。

やがて豊臣《とよとみ》の世《よ》になり関東《かんとう》へ領地《りょうち》替《が》えになった家康は
主《おも》な家臣《かしん》にも領地《りょうち》を与《あた》えた
井伊家《いいけ》には12万石《まんごく》
本多と榊原には各《かく》10万石《まんごく》
そして酒井
……3万石《まんごく》
・・・
▲忠次の息子・家次
忠次はすでに家督《かとく》を息子《むすこ》に譲《ゆず》っていたが
わが子《こ》にもご加増《かぞう》たまわりたく…
わざわざ足《あし》を運《はこ》んで願《ねが》い出《で》た
忠次
は
そなたでも
子はかわいいか
当時《とうじ》の状況《じょうきょう》は家康も十分承知《じゅうぶんしょうち》していたことだっただろうが
人《ひと》には理性《りせい》でどうしても割《わ》り切《き》れない感情《かんじょう》がある
あのとき忠次が弁明してくれたら
万が一でも助かったかもしれない…
忠次が忠誠心《ちゅうせいしん》ゆえにとった行動《こうどう》は
二人《ふたり》の間《あいだ》に
埋《う》められない深《ふか》い溝《みぞ》をつくっていた

※実際は忠次の息子はこの後高崎５万石、さらに高田10万石の大大名となっており、必ずしも家康から冷遇されたとは言えない。

酒井家に加増《かぞう》の沙汰《さた》はなかった
……が
忠次は一言《ひとこと》の不平《ふへい》も言《い》わず江戸《えど》を去《さ》った
そして京《きょう》の桜井屋敷《さくらいやしき》で秀吉からの年金《ねんきん》を頼《たよ》りに晩年《ばんねん》を過《す》ごした
京都《きょうと》 知恩院《ちおんいん》――
家康が帰依《きえ》した浄土宗《じょうどしゅう》の総本山《そうほんざん》として徳川家から厚《あつ》い保護《ほご》を受《う》けてきた寺《てら》である
歴代《れきだい》将軍が寄進《きしん》した巨大《きょだい》な三門《さんもん》や金堂《こんどう》が
徳川将軍家の権力《けんりょく》の大《おお》きさを知《し》らしめている
知恩院の後《うし》ろ観光客《かんこうきゃく》も訪《おとず》れない山《やま》の中腹《ちゅうふく》に
酒井忠次は眠《ねむ》っている
徳川の一番《いちばん》つらい時期《じき》を支《ささ》えた創業《そうぎょう》の功臣《こうしん》の墓《はか》は
徳川家の繁栄《はんえい》を見守《みまも》るように
ひっそりとだが堂々《どうどう》と建《た》っている

≪参考文献≫「家康十六武将」(徳永真一郎)　「酒井忠次公傳」(桑田忠親)　「徳川家臣団」(綱淵謙錠)　「特別展・酒井忠次とその子孫たち」(三河武士の館家康館)　「決定版・図説戦国武将 118」(谷口克広)　「歴史と旅・特集　家康と十六神将」「歴史読本特集徳川家康と三河武士団」NHK 大河ドラマ DVD「徳川家康　境界の領主から天下人へ」(柴裕之)

酒井忠次　その他のエピソード集

得意芸は「エビすくい」

徳川《とくがわ》の重鎮である酒井忠次《さかいただつぐ》の得意技、それは意外にも「海老すくいの舞」と呼ばれる宴会芸だった。忠次のこの「舞」は有名だったようで、「長篠《ながしの》・設楽原《したらがはら》の戦い」ではわざわざ信長に所望されてこの舞を舞い、ひょうきんな踊りっぷりに戦の前の緊張した空気も和んだという。

また、後に家康《いえやす》が北条氏政《ほうじょううじまさ》と会ったときにも忠次はこれを舞い、氏政から太刀を拝領している。

それを押し頂いた忠次は北条の家臣たちに向かい、

「我等はこのように結構な海老をすくい上げましたぞ」

と、高らかに言ったので座は大いに盛り上がった。

「切れ者」といわれる忠次は、一方で徳川陣営のムードメーカー的な存在でもあったのである。

正月の松飾りの起源は忠次の返歌

徳川軍がまだ武田勝頼《たけだかつより》と交戦中だったころ。正月、武田から浜松城《はままつじょう》に年賀の使者がやってきた。そのとき、使者は次のような発句を携えていた。

松枯れて　竹たぐひなき　あしたかな

松は松平《まつだいら》、竹は武田にかけて徳川を揶揄した句であった。徳川軍のあるものは意味が分からず首をかしげ、あるものはいきり立ったが、忠次は筆を取り、

松枯れで　武田首なし　あしたかな

と返句したという。この3年後に武田は滅亡したので、徳川家では忠次の句を開運のきっかけとして正月の松飾りの竹の先を切るようになった。

それが広まって現在のようになったのだという（松飾りの起源についてはこの他にも諸説あり）。

老いてなお鋭敏な勘で秀吉に誉められる

秀吉の朝鮮出兵《ちょうせんしゅっぺい》のころ。秀吉が築城した名護屋《なこや》城の橋の渡り初めを行うことになり、誰を先頭にするかという話になった。諸将は秀吉に次ぐ実力者・家康が先頭に立

つものだと思っていたが、秀吉は敢えてすでに隠居していた忠次を指名したのであった。

当時、忠次は眼病を患いほとんど盲目となっていたのだが、家康について九州《きゅうしゅう》まで来ていたのだった。

家康は手づから忠次の装束を調えてやると、秀吉の前に彼を連れて行った。忠次は左右から小姓《こしょう》の二人に手を引かれ、その後に秀吉、家康、前田《まえだ》ら諸大名が続いた。

やがて忠次はその途中で立ち止まり、橋の反り具合、堀の様子などを誉めた。さらに門の彫刻が「鳳凰《ほうおう》」だと小姓から聞くと、秀吉に向かい、

「唐鳥の彫り物とはおめでたい。殿下はすでに唐国までお手に入れて［唐鳥＝唐取り］おりますな」

と賞賛した。このしゃれの効いた賛辞には秀吉も非常に感心して、

「左衛門尉《さえもんのじょう》でなければ、このように気をつけて橋の渡り初めをするものはおらんであろう」

と称えた。諸大名もこれには大いに感じいったという。

酒井忠次 ゆかりの地

①知恩院《ちおんいん》（京都府京都市東山区）

晩年浄土宗《じょうどしゅう》に深く帰依した忠次が知恩院の境内に建立した寺・先求院《せんぐいん》がある。知恩院山腹には忠次と、その妻碓井姫《うすいひめ》の墓もある。

②井田城址《いだじょうし》（愛知県岡崎市井田町）

酒井左衛門尉家（忠次の家系）の5代にわたる居城。1527（大永7）年、酒井忠次はこの城で出生した。

③酒井広親石宝塔《さかいひろちかせきほうとう》（愛知県岡崎市岩津町）

酒井家の祖先（松平初代親忠の子）広《ひろ》親《ちか》の墓。市内に現存する石宝塔の中では最古のものといわれる。

④吉田城址《よしだじょうし》（愛知県豊橋市今橋町）

吉田城は1564（永禄7）年、東三河《ひがしみかわ》の攻略に乗り出した家康の命により酒井忠次が攻略し、無血開城させた城。以後、忠次は家康からこの城を任され、同時に東三河の旗頭に就任する。

⑤荘内神社《しょうないじんじゃ》（山形県鶴岡市馬場町）

酒井忠次の子孫は庄内藩《しょうないはん》（出羽国《でわのくに》）で幕末を迎えた。その地に建つ忠次を祭神と祀る神社。近くの致道博物館《ちどうはくぶつかん》には忠次所用とされる色々威胴丸具足（重要文化財）など、忠次ゆかりの品が数多くある。

関《せき》ヶ《が》原《はら》 陰《かげ》の最大《さいだい》功労者《こうろうしゃ》

鳥居元忠《とりいもとただ》

1702年※12月15日
赤穂浪士討入《あこうろうしうちいり》――！
江戸中《えどじゅう》の人々《ひとびと》が
彼《かれ》らを忠義《ちゅうぎ》の士《し》と
称《たた》え喝采《かっさい》した！
※元禄15年
首謀者の
大石内蔵助《おおいしくらのすけ》!!
実は彼の
先祖もまた
日本史上
類《たぐい》い希《まれ》な〝忠義《ちゅうぎ》の士〟
だったことを
ご存知《ぞんじ》だろうか
その先祖こそ
鳥居彦右衛門元忠《とりいひこえもんもとただ》
（1539〜1600）
彼は徳川十六神将《じゅうろくしんしょう》の
1人であるとともに
ちなみに
大石内蔵助は
ワシの孫娘の
孫です
家康《いえやす》の最《もっと》も
古《ふる》くからの
友人《ゆうじん》でもあった
2人の出会《であ》いは
さし入れ品
竹千代《たけちよ》（後の家康）が
人質《ひとじち》として
住んでいた駿府《すんぷ》の
屋敷《やしき》であった……

当時《とうじ》
竹千代10才
元忠13才
フーン
元忠か
ハッ
このとき竹千代は飼っていたモズを鷹《たか》のように仕込《しこ》むことに熱中《ねっちゅう》していた
ホラこうしてのせてみよ
カワイイダロ
は
はァ…
そうかな…
わっ
イテッ
イテテ
おこった竹千代はいきなり元忠を縁側《えんがわ》から下《した》へつきおとした!
わっ若君《わかぎみ》
何てことを!
元忠殿の父上《ちちうえ》にはいつも服《ふく》や食べ物《もの》を送ってもらっているではありませんか!
…いいや
これぞ大将《たいしょう》におわす!
大将とは時に部下《ぶか》に死《し》をも命《めい》じなくてはならぬ立場!
遠慮《えんりょ》などせず思《おも》うがままに家臣《かしん》をお叱《しか》りになるこれぞ大将の器《うつわ》!
そなたら近習《きんじゅう》は若君のこの資質《ししつ》を潰《つぶ》さぬよう補佐《ほさ》せねばならん
元忠の父　鳥居忠吉《ただよし》
父のこの一言《ひとこと》は元忠の一生《いっしょう》を象徴《しょうちょう》する言葉《ことば》となった…

鳥居氏は松平家に最《もっと》も古《ふる》くから仕えた譜代《ふだい》家臣《かしん》の家柄《いえがら》であり
元忠の父・忠吉は主君《しゅくん》不在《ふざい》の岡崎《おかざき》にあって惣奉行《そうぶぎょう》の役にあった
鳥居氏発祥の地　岡崎市渡町
忠吉については有名《ゆうめい》なエピソードがある
家康が15才の時父の墓参《ぼさん》のため岡崎に一時帰国《いちじきこく》した時のこと
忠吉は主君《しゅくん》を自宅《じたく》の蔵《くら》に案内《あんない》した
それらは全《すべ》て今川の代官《だいかん》の目《め》を盗《ぬす》んで
忠吉が貧窮《ひんきゅう》の中蓄《たくわ》えておいた武器《ぶき》・金銭《きんせん》・食糧《しょくりょう》であった——
これは皆《みな》殿《との》の初陣《ういじん》のための用意《ようい》でござる
何もご心配《しんぱい》なさいますな
じいや…
このような父の姿《すがた》を見ながら
元忠は育《そだ》っていったのである

元忠は家康と年齢《ねんれい》が近かったこともあり
人質生活をともにする中で
主君というよりは友だちや兄弟のような感覚《かんかく》で育ったという
やがて家康とともに初陣《ういじん》した元忠は
数々《かずかず》のいくさで獅子奮迅《ししふんじん》の働《はたら》きをする!
家康唯一の大敗戦である「三方ヶ原《みかたがはら》の戦《たたか》い」では
手傷《てきず》を負いながらも城の玄黙口《げんもくぐち》（三方ヶ原に近い門）を守り
「諏訪原《すわはら》（現・牧之原《まきのはら》）城の戦い」では決死《けっし》の奇襲《きしゅう》を担当――
このとき敵の鉄砲《てっぽう》に撃たれ終生脚《しゅうせいあし》を引きずるようになる
「武蔵岩槻城攻《むさしいわつきじょうぜ》め」では元忠軍は家臣の討《う》ち死《じ》に30余名負傷《ふしょう》70余名という損害《そんがい》を蒙《こうむ》りつつも
先頭《せんとう》に立ち城を攻めた
鳥居の紋の旗を立てた兵士が最も激しく城をせめていて彼らの働きによって落城しようとしている願わくば城をこの人に残したい……!
↑北条方の武将が落城の際に言ったとされることば

やがて 1586年※ 秀吉との 和平《わへい》が成立し
家康に従って 元忠も上洛《じょうらく》を 果たした
元忠の人格と 勇猛《ゆうもう》さを聞いて いた秀吉は
彼を誘惑《ゆうわく》し 自分の陣営に ひき入れるべく 彼に官位《かんい》を 授けようとした
いつも こんな役 ばっかり
……
?
それがし 生来《せいらい》 不才者《ふさいもの》に ございましてなァ
2人の主君に 仕えるなどという 小器用《こぎよう》な まねは
とても できかねます
秀吉は その後も 元忠への誘惑を 試《こころ》みるが 失敗《しっぱい》している
ひょこ
ひょこ

※天正14年

やがて関東移封《かんとういほう》
元忠は家臣としては5番目の4万石の主となった
12万石
10万石
4.5万石
4万石
これで十分
上の3人は秀吉から「10万石以上にするように」と言われたため渋々与えたといわれる。
今度は家康が元忠に感状《かんじょう》を与えようとするが
おことわり申し上げる!
感状とは
これまでの軍功《ぐんこう》を記《しる》した公式《こうしき》な証明書《しょうめいしょ》であり
他家《たけ》に仕える際《さい》履歴書《りれきしょ》のかわりになるもの!
それがし他家《たけ》に仕《つか》える気など全《まった》くありえませぬゆえ
無用《むよう》にございます
……
しかしな元忠…
フツー誰でもほしがるものだぞ…
何の!拙者《せっしゃ》の功績《こうせき》は
殿だけがわかってて下さればよいのじゃ
はっはっはっ
「自分《じぶん》が家康の役に立つ人間かどうか」
それが唯一絶対《ゆいいつぜったい》の元忠の価値基準《かちきじゅん》であった

※慶長5年

やがて秀吉が死に
いよいよ天下《てんか》取りの
チャンスが来る
1600年※
家康は会津《あいづ》の
上杉征伐《うえすぎせいばつ》のため
関東《かんとう》に向かった
この時《とき》京都《きょうと》
伏見城《ふしみじょう》の守備《しゅび》に
残《のこ》されたのが
鳥居元忠ら
わずか1800の
軍勢《ぐんぜい》である
これは石田三成《いしだみつなり》ら
反徳川勢力を挙兵《きょへい》
させるオトリであり※
対決ともなれば
最初に敵の
標的《ひょうてき》になるいわば
〝捨《す》て城《じろ》〟であった
もちろん
元忠たちは
それを覚悟《かくご》で
留守居役《るすいやく》を
引《ひ》き受《う》けたの
だった…
6月17日
家康は伏見城に
立《た》ち寄る
お互いこれが
最後の別《わか》れに
なるとわかっていた
二人は夜《よる》も
更《ふ》けるまで
飲《の》み明《あ》かし
50年間の
思《おも》い出《で》を語《かた》る

※近年の研究では、この時点では家康は三成の挙兵を全く予想していなかったとされる。従って三成に挙兵させるためのオトリというのは後世の創作。

岡崎城
この大事《だいじ》の前《まえ》家臣《かしん》の生命《いのち》の500や1000を捨《す》てることなど
何で悲《かな》しまれることがありましょうぞ
はて…殿はお年を召《め》されて気が弱《よわ》くなられたようでござる
では…
そろそろおいとまいたします
ひょこっ
ひょこっ
……

7月19日
挙兵《きょへい》した石田方は伏見城を攻撃《こうげき》した
小早川《こばやかわ》・毛利《もうり》・宇喜多《うきた》・島津《しまづ》らその数4万！
よいか！自害《じがい》はするな
この戦《いくさ》は一刻《いっとき》でも敵を食《く》い止め時《とき》をかせぐのが目的《もくてき》
オオオオオオッ
西軍《せいぐん》どもに三河者《みかわもの》の恐《おそ》ろしさを見《み》せてやれ
数日《すうじつ》で落《お》ちると思《おも》われた伏見城は
元忠ら決死《けっし》の守備部隊《しゅびぶたい》の働《はたら》きにより
その後10日余《あま》りももちこたえた
8月1日
ついに敵が城内《じょうない》へ攻《せ》めよせるが
元忠の部下《ぶか》たちは最後《さいご》まで戦い続《つづ》けた
そして
敵兵《てきへい》が本丸《ほんまる》に至った時
敵のひとりに首《くび》を与えることを約《やく》し
自刃《じじん》して相果《あいは》てた
元忠の首をとった雑賀孫市《さいかまごいち》→

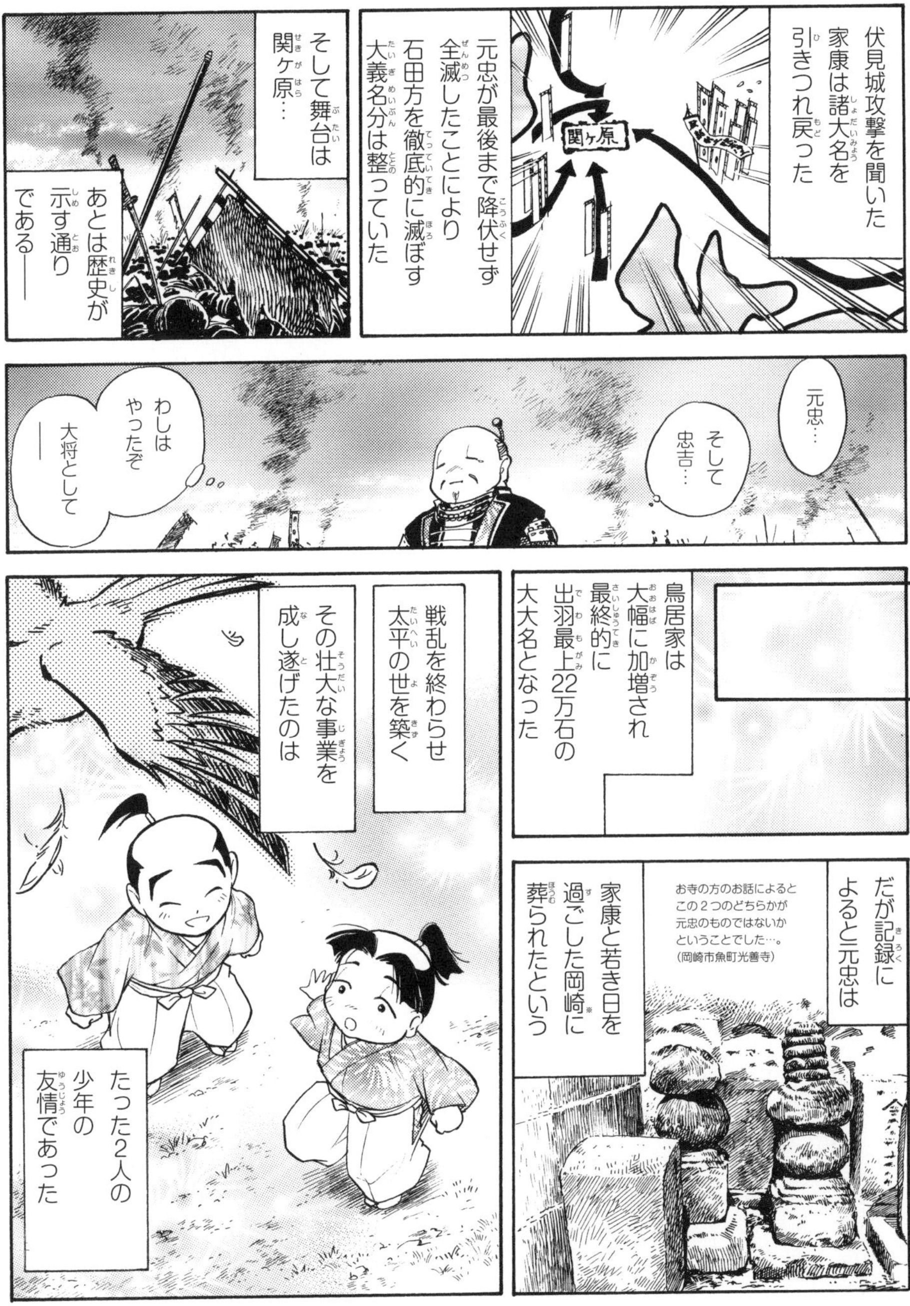
伏見城攻撃を聞いた家康は諸大名《しょだいみょう》を引《ひ》きつれ戻《もど》った
関ヶ原
元忠が最後まで降伏《こうふく》せず全滅《ぜんめつ》したことにより石田方を徹底的《てっていてき》に滅《ほろ》ぼす大義名分《たいぎめいぶん》は整《ととの》っていた
そして舞台《ぶたい》は関ヶ原《せきがはら》…
あとは歴史《れきし》が示《しめ》す通《とお》りである——
元忠…
そして忠吉…
わしはやったぞ
大将として——
鳥居家は大幅《おおはば》に加増《かぞう》され最終的《さいしゅうてき》に出羽最上《でわもがみ》22万石の大大名となった
だが記録《きろく》によると元忠は
家康と若き日を過《す》ごした岡崎※に葬《ほうむ》られたという
お寺の方のお話によると この２つのどちらかが 元忠のものではないか ということでした…。 （岡崎市魚町光善寺）
戦乱を終わらせ太平《たいへい》の世《よ》を築《きず》く
その壮大《そうだい》な事業《じぎょう》を成《な》し遂《と》げたのは
たった2人の少年の友情《ゆうじょう》であった

※元忠の墓はこの他にも京都市左京区の百万遍知恩寺、福島県いわき市の長源寺にもある。

≪参考文献≫「特別展・鳥居元忠」（三河武士のやかた家康館）「大名鳥居家展」（壬生町教育委員会／壬生町）「徳川家臣団」（綱淵謙錠）
歴史と旅「家康と徳川十六神将」 歴史読本「徳川家康と三河武士団」 歴史街道「女性が残した戦国の意外な血筋」

鳥居元忠　その他のエピソード集

馬場信春の娘を横取りしてしまう

家康《いえやす》への忠誠で知られる元忠だがこんな意外な話もある。武田《たけだ》家が滅んだ後の話。

武田の重臣《じゅうしん》馬場信春《ばばのぶはる》の娘が絶世の美女だという噂を聞きつけた家康は、さっそく元忠にその女性を探し出すように命じた。

ところがいつまでたっても元忠の返事はない。なんと元忠は馬場の娘を探し出したものの、すっかり一目ぼれし、そのまま自分の妻にしてしまったのだ。

これを後で家臣から聞いた家康は、「元忠は昔からそういう抜け目のない奴よ」といって笑って許したという。

家康と元忠の親しい主従関係がよく伝わるエピソード。このように気を許した間柄だったこそ、家康も辛い役目を彼に頼めたのだろう。

部下に命令するコツを心得た人

「長篠《ながしの》・設楽原《したらがはら》の合戦」のとき。味方の兵たちの振る舞いが悪いのを見た元忠は家康にこう進言した。

「こう兵士に命じてみてはいかがでしょう。『皆の者、楊枝を使え。やがては首になるかもしれんのだから（身だしなみに気を使うように）』と」

理由を聞かれて元忠は、

「兵士が陣中でもめる時は泡を吹いてジジムサキ（↑文献に本当にこう書いてある）ものです。楊枝を腰に差し挟み、たしなみとさせれば、イライラも晴れ、陣構えも整うことでしょう」

と言ったという。

また北条《ほうじょう》攻めの時、城にこもった敵が激しく銃弾を浴びせかけてきた。それを見た元忠は兵士に、

「地面に落ちている銃弾を拾え」

と命じた。

すると城兵が撃った弾は銃弾を拾うためにしゃがんだ味方の兜の上を掠《かす》めていき、味方はその虚《きょ》に乗じて堀際《ほりぎわ》にたどり着くことができたという。ただ「静かにしろ」「伏せろ」というのではなく、具体的な目的を指示して恐怖を鎮めたのである。

元忠の息子と雑賀孫市の後日譚

元忠が伏見城で壮烈な戦死をした後のこ

と。元忠の後を継いだ嫡男忠政のところに父元忠の首級を挙げた雑賀孫市《さいかまごいち》から、「ご尊父《そんぷ》の遺品をお返ししたい」との申し出があった。

忠政は喜んでこれを受け、孫市を丁重に出迎え、亡き父の遺品と涙の対面を果たしたのであった。

だが次の日、忠政は孫市に、「我が家にも亡父の形見は残っておりますので、この品々は貴殿の名誉と共に、ご子孫にお伝えください」と返却してしまった。

その後も二人の音信は生涯続いた。これを聞いた孫市の主君も、毎年鳥居家の使者が来る頃に道路や橋を修理させ、孫市には使者をもてなすためのご馳走を下賜した。

平和のありがたさが心にしみるような話である。

鳥居元忠　ゆかりの地

①鳥居《とりい》氏《し》発祥《はっしょう》の地《ち》（愛知県岡崎市渡町）

鳥居氏の居城、渡城《わたりじょう》址《し》の近く。鳥居氏発祥の碑と、元忠の兄・忠宗の墓がある。渡の地名は、かつてこの地に矢作川の渡し場（渡し舟の発着地）があったことにちなむ。

②精忠神社《せいちゅうじんじゃ》（栃木県壬生町）

元忠を祭神とする神社。御神体は元忠戦死時着用の「血染め下着」。敷地内には元忠切腹時の畳が埋められた「畳塚」もある。壬生《みぶ》は元忠の子孫が転封され、以後幕末まで領した地である。

③源光庵《げんこうあん》（京都府京都市北区鷹峯）

④養源院《ようげんいん》（京都府京都市東山区）

⑤正伝寺《しょうでんじ》（京都府京都市北区西賀茂）

これらの寺院では伏見城落城の際の本丸御殿の床板を天井板に使っている。今も多くの兵の血痕が残る。

⑥百万遍知恩寺《ひゃくまんべんちおんじ》（京都府京都市左京区）

京都の商人佐野四郎右衛門《さのしろうえもん》が、さらし首にされた元忠の首級を盗み出し、ここの敷地内の竜見院に丁重に葬ったといわれる。

⑦長源寺《ちょうげんじ》（福島県いわき市平字胡摩沢）

徳川将軍家が元忠の菩提のために建立した寺院で、100石の黒印を賜った。元忠正室、6代忠英《ただてる》の墓もある。元忠の跡を継いだ忠政は、磐城平城主に封ぜられ10万石（後に12万石）の大名となり、平の城下町を発展させている。

⑧光善寺《こうぜんじ》（愛知県岡崎市魚町）

元忠の弟本翁意伯を開山とする寺。文献によると、かつて敷地内に元忠ら鳥居一族の廟所があったという。現在廟所は全く残っていないが、同時代のものとされる墓石二基がある。

⑨鳥居曲輪《とりいぐるわ》（静岡県浜松市中区）

家康の浜松在城時代、元忠が守っていたとされる出丸《でまる》。現在の浜松市中央図書館付近にあった。

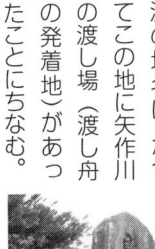

宗家《そうけ》に恋《こ》い焦《こ》がれた松平の異端児《いたんじ》
松平信定《まつだいらのぶさだ》

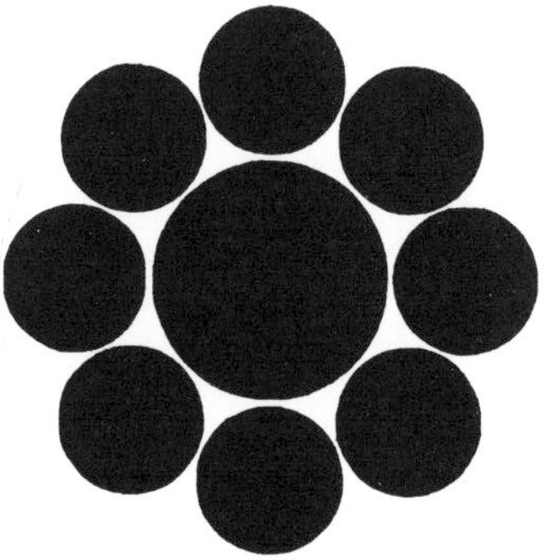

安城市《あんじょうし》・桜井《さくらい》に
城山公園《しろやまこうえん》という
小《ちい》さな広場《ひろば》がある
今から500年前
ここに桜井城《さくらいじょう》という
城があった

いまでは敷地《しきち》の端《はし》に
歴代城主《れきだいじょうしゅ》の墓標《ぼひょう》が
残《のこ》るばかりの
この場所《ばしょ》に
かつて
松平宗家《まつだいらそうけ》を
脅《おびや》かすほどの
勢力《せいりょく》が存在《そんざい》して
いたことを
どれほどの人《ひと》が
知《し》っていること
だろう

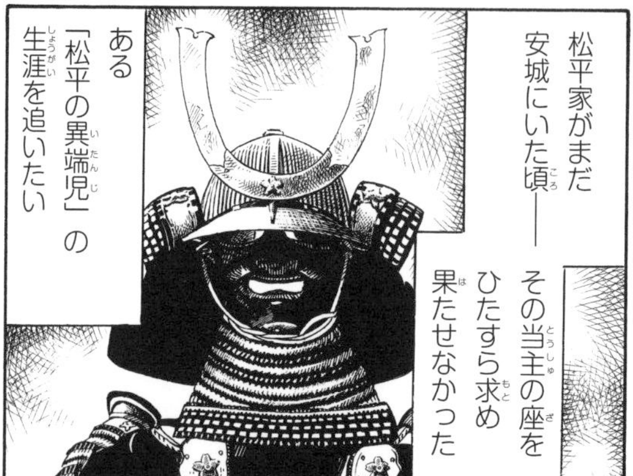
松平家がまだ
安城にいた頃《ころ》——
その当主《とうしゅ》の座《ざ》を
ひたすら求《もと》め
果《は》たせなかった
ある
「松平の異端児《いたんじ》」の
生涯《しょうがい》を追いたい

※ここでは一般によく知られる「三河物語」の記述に従う。近年では研究が進み、信定の再評価が進んでいる。

※信忠…徳川家康の曽祖父

※近年の研究では信忠は安城松平の勢力を拡大した人物として再評価が進んでいる。

清康どのあいさつを
よろしくお願《ねが》いします
叔父上《おじうえ》
第7代松平清康《きよやす》（家康の祖父）
…
ハハッ
こんなガキに一生仕《いっしょうつか》えるのかオレは…
気《き》にいらぬ！
だが「やむをえず」擁立《ようりつ》されたこの少年《しょうねん》は
稀代《きだい》の軍事的才能《ぐんじてきさいのう》を持っていた……
翌年《よくねん》14才の清康は隣《となり》の大草松平家《おおくさまつだいらけ》を攻略《こうりゃく》
奪《うば》い取《と》った岡崎城《おかざきじょう》を松平宗家の本拠地《ほんきょち》とした

※近年の研究では安城の松平一門を事実上率いたのは信定で、清康は山中城（岡崎市）に転出していたともいわれる。

さらに足助《あすけ》・吉良《きら》・西尾《にしお》・豊橋《とよはし》・品野《しなの》（瀬戸《せと》）と征服《せいふく》を続け…
MIKAWA
それまで安城一帯《いったい》しか領《りょう》していなかった松平宗家はわずか7年で三河地方をほぼ統一《とういつ》してしまった

天才《てんさい》だ！
清康様こそまこと当代一《とうだいいち》の英雄！
清康様が当主《とうしゅ》になられて本当によかった
………
この征服戦《せいふくせん》の間信定は常《つね》に先頭に立って清康のために戦い
表向《おもてむ》きは仲《なか》の良《よ》い叔父《おじ》と甥《おい》であった
だが…
ある戦いでのこと――
ワー
ワー
おっおやめください大将《たいしょう》が敵の中に突入するなど…
はなせッ はなさぬと成敗《せいばい》するぞ
放《はな》してやれバカ者
の…信定様!?
討《う》ち死《じ》にするならよい
討ち死にさせれば大将《たいしょう》を守っても味方《みかた》の兵《へい》が負《ま》ければ大将も死《し》ぬのだ
味方の士気《しき》が上がれば大将も生きながらえよう
は はあ…

※信定の妻は織田氏の娘・信定の娘は水野信元・織田信光に嫁ぐ。

ダーッ
清康が三河で統一する一方で信定も独自《どくじ》に領地を拡大していた
松平宗家（岡崎）
岡崎城
織田（尾張）
松平（桜井）
水野（刈谷）
桜井城
水野氏織田《おだ》氏とも姻戚《いんせき》関係を結び※尾張《おわり》との連係《れんけい》を強くし
いつしか桜井松平家は松平宗家に対抗《たいこう》するほどの勢力《せいりょく》になっていた
二人は常《つね》に一触即発《いっしょくそくはつ》の危機《きき》にあった——
1530年※清康はいまだ従わない宇利城《うりじょう》を攻めた
信定は弟の親盛《ちかもり》と城の大手門《おおてもん》から攻めることになった…
ワーッ
ククク
オレは奴の家来かよ
兄上腕《うで》が鳴《な》りますなあ！
信定の弟松平親盛《ちかもり》とその息子
敵は死にもの狂いだなまともに当たるのはマズイ…
進め——ッ一歩も引くな——ッ
親盛？
ダダーッ
あ…
あ…あいつらアホか
敵の勢いをそのまま受けてどうする!?

※享禄3年

親盛様が囲《かこ》まれています！
お助《たす》けしませんと…
知《し》るか！
勝手に攻め入った奴が悪いんだ
しかし
結果的《けっかてき》に
巻き添え食ってたまるか
信定は親盛父子を見殺《みごろ》しにすることになった……
ザッ ザッ
ザッ
叔父上！
なぜ親盛殿を助けなかった
清康は諸将《しょしょう》の見ている目の前で
信定の行動《こうどう》を激しく罵《ののし》った
ザワ
ザワ
あなたの顔《かお》など
一生《いっしょう》見《み》たくない！
……もういい

※「三河物語」による。現在では清康は岡崎を、信定は安城を分担して統治していたという説もある。

プイッ
この後信定は清康から出征《しゅっせい》の命令をうけても
病《やまい》と称して出仕《しゅっし》しなかった
…そして
松平家の運命《うんめい》を変《か》える大事件《だいじけん》がおきる
尾張守山《おわりもりやま》に出征していた清康が
自《みずか》らの小姓《こしょう》にあっけなく殺された
←清康の仇をとった植村新六郎
これを松平の歴史上《れきしじょう》「守山崩《くず》れ」という――
ポロ
この暗殺《あんさつ》は実《じつ》は信定が仕組《しく》んだものであった
…ともいわれているが
真相《しんそう》は永遠《えいえん》の闇《やみ》の中《なか》である
…だがとにかく

※家康の父

宗家に次ぐ 有力者《ゆうりょくしゃ》であった 信定は 堂々《どうどう》 岡崎城に 入った
ライバル清康の 死によって
念願《ねんがん》の 惣領《そうりょう》の地位《ちい》を 手に入れたのだ
それを見た清康の 旧臣《きゅうしん》は旧主《きゅうしゅ》の遺児《いじ》 広忠《ひろただ※》の身《み》の危険《きけん》を 察知《さっち》し
ひそかに岡崎城から 連《つ》れ出《だ》した
ますます力を 持った信定は 自分の家臣団《かしんだん》を 岡崎奉行人《おかざきぶぎょうにん》の ポストに就《つ》けた
桜井家家臣
桜井家家臣
清康の 家臣たち
何とでも 言いたきゃ 言え
生き残った 者が勝ちさ
今度こそ オレが宗家だ
ざまあみろ 清康——ッ
…だが
信定の岡崎 支配《しはい》は1年半 でおわる
エ
岡崎を脱出《だっしゅつ》した 広忠は放浪《ほうろう》の末 駿府《すんぷ》の今川義元《いまがわよしもと》に 助《たす》けを求《もと》めたのだ
岡崎城
MIKAWA
なに——ッ

今川を後盾《うしろだて》にした
広忠が帰ると
それまで信定に
従《したが》っていた家臣たちは
次々《つぎつぎ》と寝返《ねがえ》り
今度は信定が
岡崎城から
追い出された
バカか
お前ら！
これで松平は
今川の属国《ぞっこく》に
なっちまうぞ
あんな
ガキより
ワシの方が
ずっと
ずっと…
てめーら
そんなに
嫡流《ちゃくりゅう》が
大事《だいじ》かーッ
立場逆転《たちばぎゃくてん》
信定は広忠に
許《ゆる》しを乞《こ》い
桜井城に
戻っている
ワシの一生は
何だったのだ…
宗家に
恋い焦《こ》がれ
父上ッ
宗家の地位に
ふりまわされ…
息子・清定→
そして
その翌年
（1538年）※
父上
信定は再び
松平の一分家となり
世を去った
そして
彼の死とともに
桜井松平家も
衰退《すいたい》していった

※天文7年

そして
時は流れて
明治《めいじ》――
ドーン
1877年※ 九州《きゅうしゅう》で
「西南戦争《せいなんせんそう》」がぼっ発
日を追うごとに
負傷者は増え
コレラが蔓延《まんえん》していた
そんな中――
※明治10年
医者《いしゃ》・看護人《かんごにん》を
率《ひき》い
敵味方の区別《くべつ》なく
戦傷者《せんしょうしゃ》の看護を
指揮《しき》した若者《わかもの》がいた
彼の名は
桜井忠興《さくらいただおき》※
信定から16代目の
桜井松平家当主
(旧《きゅう》・尼崎藩主《あまがさきはんしゅ》)である
これより先
松平家の旧藩主《きゅうはんしゅ》らが
中心となり戦地の
戦病者《せんびょうしゃ》を救護《きゅうご》する
私設組織《しせつそしき》「博愛社《はくあいしゃ》」が
設立《せつりつ》されたが
博愛社
さくらじま
忠興はその
松平一族の
中で唯一《ゆいいつ》
旅費《りょひ》など一切《いっさい》を
自弁《じべん》で戦地《せんち》へ
赴《おもむ》いたのだった
やがて
忠興らの
この活動《かつどう》が
明治政府《めいじせいふ》に
認《みと》められ
日本赤十字《にほんせきじゅうじ》が
誕生《たんじょう》するのである
松平の〝異端児《いたんじ》〟
桜井の血筋《ちすじ》は
時を越《こ》え形《かたち》を
変《か》えて
徳川を倒《たお》した
明治政府を
動かしたのだった
櫻井神社（1882年建立）
兵庫県尼崎市
初代・松平信定公より
16代忠興公までの歴代・
櫻井松平家当主を祀る

※幕末、桜井松平氏は倒幕派についたため、新政府からの要請で松平姓を改姓した。なお忠興の戦地での役割は現地の役人との交渉で、看護にはあたっていない。

≪参考文献≫「三河物語」（大久保忠教）「寛政重修諸家譜」「岡崎市史」「家康の族葉」（中村孝也）「安城城物語」（安城市歴史博物館）「菩提寺の栞」（菩提寺）「尼崎城内史跡めぐり」（櫻井神社）「子爵故櫻井忠興日本赤十字社二関する事跡畧記」（櫻井神社崇敬会ほか）「櫻井神社由緒書」 市史公開講座レジュメ「謎の人物松平清康と松平信定」（村岡幹生）「古城の風景」（宮城谷昌光／新潮社） 歴史群像シリーズ22「徳川四天王」（学研）「尼信パンフレット」「風は山河より」（宮城谷昌光／新潮社） 協力：菩提寺、櫻井神社、尼信博物館

松平信定　その他のエピソード集

21回起請文を書かせるが…

　松平信定が清康《きよやす》の遺児《いじ》・広忠《ひろただ》を追い出し、岡崎城《おかざきじょう》の主となったころのこと。かつての清康の家臣らは内心は広忠を慕いつつも、力及ばず信定に従って、時節の来るのを待っていた。

　信定もその雰囲気を察知し、

「謀反《むほん》を起こすならあいつしかいないだろう」

と有力家臣の大久保忠俊《おおくぼただとし》を呼び、

「わしに忠誠を誓うなら、神の前で広忠を岡崎に戻さないと誓え」

と、伊賀八幡《いがはちまん》の御前で、

「広忠を岡崎に戻さない」

と7枚の起請文を書かせた。

　しかし、これでも不安だった信定は再び忠俊を呼び出すと、もう7枚同じ文を書かせた。

　4～5日すると、また不安になってもう一度忠俊を呼び、結局計3回、21枚の起請文を書かせた。

　大久保忠俊は、

「何度でも書きましょう」

と、黙って信定に従ったが、家に帰ると弟たちに向かい、

「馬鹿な奴だ。百枚千枚書かせようと、たとえ神の罰を受けようと、広忠様を岡崎城へお入れせずにはおくものか」

とからからと笑った。やがて広忠が近くの城に来ているのを知った信定は忠俊に、

「かつての主君、広忠に向かって矢を射てみろ」

と命じた。忠俊はこれ幸いと矢に矢文をつけ広忠と連絡を取りあった。

　果たして大久保たちによって広忠は岡崎城入城に成功し、信定は城を追われたのであった。

　神仏が今では考えられないほど権威を持っていた時代の話とはいえ、これだけで謀反を封じたと思えるほど信定も楽天的ではなかっただろうが、基本的に信定は人が好いのかもしれない。

信定に盾突く家臣を誉める清康

　清康がまだ存命中の時のこと。ある日、安城城で能があり、信定も家臣を連れて登城した。しかし、清康の家臣で落合《おちあい》という身分の低い者が、間違えて信定の席に座ってしまった。

　信定がとがめると、落合は受け流し、かえって信定をやりこめ、ついに席を立たな

かった。それを見ていた清康は落合を呼び出し、とがめるどころか彼を、「お前たち譜代家臣をないがしろにする信定に反抗するとは立派である」と誉め、知行地を倍以上にしてやったという。大久保彦左衛門《おおくぼひこざえもん》はこの話を清康の慈悲といっているが、どうも信定が気の毒に思えてならない。

松平信定　ゆかりの地

①桜井城址《さくらいじょうし》（愛知県安城市桜井町）

現在は城山公園《しろやまこうえん》となっている。公園の西側には信定はじめ桜井松平家《さくらいまつだいらけ》5代の墓地がある。

近くには「桜井」の地名のもとになった井戸もある。

②菩提寺《ぼだいじ》（愛知県安城市桜井町）

信定が1521（大永元）年に建立した桜井松平家の菩提寺（浄土宗寺院）。ここにも信定から5代忠吉《ただよし》の墓と、後世改葬された7代・8代の墓がある。

③宇利城址《うりじょうし》（愛知県新城市中宇利字仁田）

1529（享禄2）年、東三河制圧を目指す清康が信定・親盛ら3千の兵を率いて攻めた城。石垣や土塁・空堀など山城の形態をよく残しており、戦いの様子もはっきり記録に残っているため学術的価値が高いとされ県指定史跡第一号に認定された。山道沿いには、この場所で討ち死にしたとされる信定の弟・松平親盛の墓がある。近くには古刹富賀寺（寺伝によると飛鳥時代の701［大宝元］年行基により創建）があり、清康は寺の裏山に陣取り戦況を見ていたという。

④櫻井神社《さくらいじんじゃ》（兵庫県尼崎市南城内）

信定の子孫が転封された尼崎に1882（明治15）年に建立された神社。日本で唯一桜井松平家のみが使用している家紋・櫻井櫻紋がいたるところにあしらわれている。信定ほか桜井松平15代の当主を祭神とする。

⑤尼信博物館《あましんはくぶつかん》（兵庫県尼崎市西本町）

尼崎信用金庫《あまがさきしんようきんこ》に併設の博物館。信定の所用と伝えられる甲冑《かっちゅう》（古式な手法が見られる貴重なもの）、桜井松平ゆかりの品が多く展示されている。

⑥東京逓信病院《とうきょうていしんびょういん》（東京都千代田区飯田橋）

桜井松平16代当主桜井忠興《ただおき》の屋敷があった場所。当時忠興自身は尼崎で神職をしていたが、博愛社《はくあいしゃ》の理念に深く共感し、自らの屋敷の半分を博愛社事務所として提供したのであった。

「日本赤十字発祥の地」として病院敷地内に説明板がある。

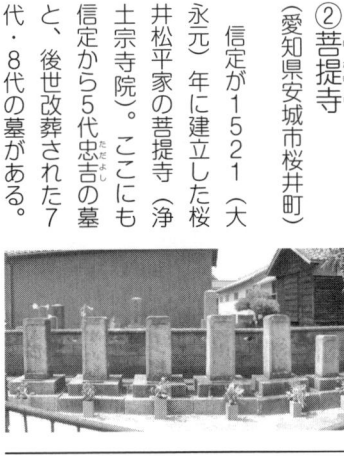

家臣団中《かしんだんちゅう》「人品尤《じんぴんもっと》も高《たか》き」勇将《ゆうしょう》

榊原康政《さかきばらやすまさ》

家康《いえやす》が大御所《おおごしょ》となって駿府《すんぷ》に隠居《いんきょ》した後《あと》のこと――
この頃将軍《ころしょうぐん》（秀忠《ひでただ》）は誰《だれ》に兵法《へいほう》を学《まな》んでおる？
はっ ○×殿《どの》です
バカ者《もの》が
は？
○×のごときは匹夫《ひっぷ》の勇《ゆう》にすぎぬ
兵法は必《かなら》ず榊原康政《さかきばらやすまさ》に学べと将軍に言え！
はっ ははッ
……というエピソードがある
かくも家康から信頼《しんらい》された男《おとこ》 榊原康政（1548〜1606）
知勇兼備《ちゆうけんび》にして「尤も人品高し」と謳《うた》われた名将《めいしょう》である

※現在の豊田市上郷上野

榊原康政（幼名《ようみょう》は亀《かめ》）は三河国上野※に生まれる
のちの同僚本多忠勝と同い年であったが
その立場《たちば》は少《すこ》し違《ちが》っていた――
本多忠勝（幼名鍋之助）
KAME
NABE
榊原家は亀の祖父の代から松平に仕《つか》えはじめた
父長政
兄清政
亀
いわゆる「岡崎譜代《ふだい》」＝《イコール》新参者である
当時岡崎衆は主君《しゅくん》に仕え始《はじ》めた時期《じき》によって区別《くべつ》されており
松平家
初代
二代
三代
四代
五代
六代
七代
八代
九代 家康
安城譜代・岩津譜代
・酒井氏
・本多氏
・大久保氏
・石川氏
・平岩氏
・内藤氏
・鳥居氏
・阿部氏
・成瀬氏
など
岡崎譜代
・榊原氏
岩津《いわつ》・安城《あんじょう》譜代といわれる古くからの一族が岡崎の重臣となっていた
亀は大樹寺《だいじゅうじ》で勉学《べんがく》を始め
その利発《りはつ》さが人々《ひとびと》の口《くち》にのぼりはじめた頃《ころ》
いろはにほへと
桶狭間《おけはざま》で今川義元《いまがわよしもと》討《う》たれるの報《しらせ》を聞《き》き大樹寺に身《み》をよせた
そこで19才の松平元康《もとやす》（のちの徳川家康）に出会《であ》う
僧侶《そうりょ》から亀少年の評判《ひょうばん》を聞いた元康はすぐ彼《かれ》を近習《きんじゅう》として取《と》り立《た》てた

※正確には榊原氏は松平氏の家臣酒井氏の家老（陪臣）であり、一説には家康が酒井氏に頼んで康政を近習にもらったとも伝えられる。

亀は名を小平太《こへいた》と改め
有名は三河一向一揆《いっこういっき》で初陣《ういじん》を飾《かざ》る…時《とき》に16才
←貧乏なので兄弟子からちぎれ具足をもらって初陣
南無阿弥《なむあみ》陀仏《だぶつ》!
仏《ほとけ》に逆《さか》らう者《もの》には仏罰《ぶつばつ》が下《くだ》るぞ
南無阿弥陀仏
あッ
こら逃《に》げるな戦《たたか》え!
無間地獄《むげんじごく》におちるのはいやじゃあ!
南無阿
ザンッ
今《いま》より私《わたし》が仏敵《ぶってき》となってやる
あらゆる仏罰はこの小平太1人でひきうけた!
みなの者続《ものつづ》け!
小平太!
味方《みかた》はたちまち猛攻《もうこう》に転じ
敵は敗走《はいそう》した
家康は大いに喜《よろこ》び
「康」の字を与えて康政と名乗《なの》らせ
3人の家来《けらい》を付《つ》けた
康政

その後康政は
どんな戦さにも
先鋒《せんぽう》をつとめる
ようになり
徳川軍に不可欠《ふかけつ》な
存在《そんざい》となっていった
後に新井白石《あらいはくせき》曰《いわ》く、
『或《あるい》は城を攻め、
或は野《の》に戦《せ》ふ事《こと》、
数《かず》を知らず。
凡《およ》そ康政が向《むか》ふ所《ところ》、
打破《うちやぶ》らずといふ事なし
――』と
やがて
康政の名を
天下《てんか》に
轟《とどろ》かせる
事件《じけん》がおきる
家康と秀吉《ひでよし》が初《はじ》めて対決した
「小牧長久手《こまきながくて》の戦い」
でのこと
徳川方から敵味方に
発せられた檄文《げきぶん》に
秀吉は怒《いか》り狂《くる》った！
その檄文の
作者《さくしゃ》こそ
37才になった
康政であった
その内容を
概略《がいりゃく》すると―
『そもそも秀吉とは野人《やじん》の子で
信長公の馬の口取りをしていた者。
信長公はそれを憐《あわれ》み、重《おも》く用《もち》いて
高禄《こうろく》を賜《たまわ》ったのだ。それなのに…』

信長公の死後恩知《しごおんし》らずにも
公の遺子信孝殿《いしのぶたかどの》を殺し
今信雄殿《いまのぶかつ》と戦おうとする
なんたる大逆無道《たいぎゃくむどう》!
だれがこれを見て見ぬ
ふりができようか!
今我《わ》が君《きみ》(家康)は
深く信長公の旧交《きゅうこう》を懐《なつ》い
切《せつ》に信雄公の微弱《びじゃく》を憫《あわれ》み
大義《たいぎ》により戦う!
諸侯《しょこう》! どうしてこの悪《あく》に
党《くみ》し先祖代々《せんぞだいだい》の佳名《かめい》を
汚《けが》すことができようか
来たりてわが軍に合流《ごうりゅう》し
速《すみ》やかに逆賊《ぎゃくぞく》を討ち、以《もっ》て
人心《じんしん》を快《こころよ》くせんことを!!
理路整然《りろせいぜん》と
秀吉の政策《せいさく》の
不合理《ふごうり》をつき
徳川軍の大義《たいぎ》の
貴《とうと》きことを説《と》き
ちょっとやりすぎたかな…
読《よ》む者《もの》の心《こころ》を
熱《あつ》くさせずにはおかない
この檄文に——
康政の首を
取った者には
ははーッ
恩賞《おんしょう》は
思いの
ままだッ
と秀吉は
言《い》い放《はな》った
という——
これには
後日談《ごじつだん》がある
戦《いくさ》がおわり両者《りょうしゃ》の
和平《わへい》も目前《もくぜん》というとき

※康政の有名なエピソードであるが、同時代史料では確認できない「逸話」である。

秀吉は使者《ししゃ》として上洛《じょうらく》した
康政をお忍《しの》びで訪ね
親《した》しく言葉《ことば》をかけた
あれから年月《ねんげつ》が
経《た》つにつれ
そなたの忠誠《ちゅうせい》に
感心《かんしん》するように
なってなア
それを一言《ひとこと》
言いたくて
訪《たず》ねて参《まい》った
……
秀吉はその後
本多《ほんだ》・井伊《いい》・榊原の
三傑《さんけつ》※に「豊臣」姓《せい》を
賜《たまわ》ろうとする
本多・井伊は
辞退《じたい》したが※
康政だけは
拝領《はいりょう》した
憎《にく》み合った分
おたがい敬意《けいい》を
もつようになったの
かもしれない
やがて家康が関東《かんとう》に移封《いほう》されると
康政は館林《たてばやし》10万石を賜《たまわ》り
この地を江戸《えど》の防戦砦《ぼうせんとりで》とすべく
治水工事《ちすいこうじ》・新道開発《しんどうかいはつ》・城下《じょうか》の
整備《せいび》を進《すす》めていった
そんな順風満帆《じゅんぷうまんぱん》な
康政の人生を
大きく変えたのが
1600年※
「関ヶ原《せきがはら》の戦《たたか》い」
直前のできごとであった
康政は徳川秀忠《ひでただ》に
つき従《したが》い
家康とは別の道を通って
関ヶ原に向かうことに
なっていたのだが——
信州上田城《しんしゅううえだじょう》

※秀吉が3人を称えてこう呼んだと言われる。

※豊臣姓を授かっても使用しなかったともいわれる。

※慶長5年

※諸説あり。正信は昌幸の策略に気づいていたと言われる。

上田城主
真田昌幸の使者
徳川方に城を明け渡したいので2・3日攻撃を待っていただきたい
断《ことわ》る!
秀忠
我《われ》らを待《ま》たせて戦《いくさ》の準備《じゅんび》をするつもりであろう!
本多正信
まあまあこの際《さい》待《ま》ってやろうではないか※
さようケガ人を出さぬにこしたことはない
何と!
はたして康政の予想《よそう》どおり真田方《さなだがた》は城《しろ》を固《かた》め
秀忠軍は完全《かんぜん》に上田城にくぎ付けとなってしまった※……

※実際は小競り合い程度で徳川軍のほうが優勢であった。

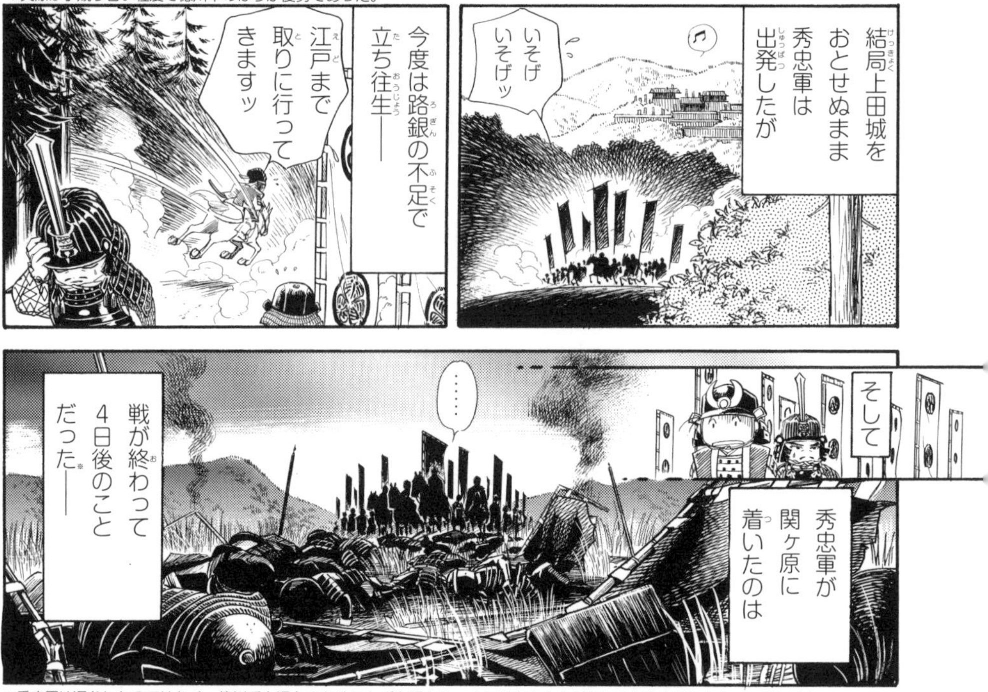
結局《けっきょく》上田城をおとせぬまま秀忠軍は出発《しゅっぱつ》したが
♪
いそげいそげッ
今度は路銀《ろぎん》の不足《ふそく》で立《た》ち往生《おうじょう》――
江戸《えど》まで取《と》りに行ってきますッ
そして
秀忠軍が関ヶ原に着《つ》いたのは
……
戦が終《お》わって4日後のことだった※――

※秀忠軍は遅参したのではなく、徳川兵力温存のためにわざと遅れた、または家康自身が急に予定を変更したため、間に合わなかったのは秀忠の過失ではないとする説もある。

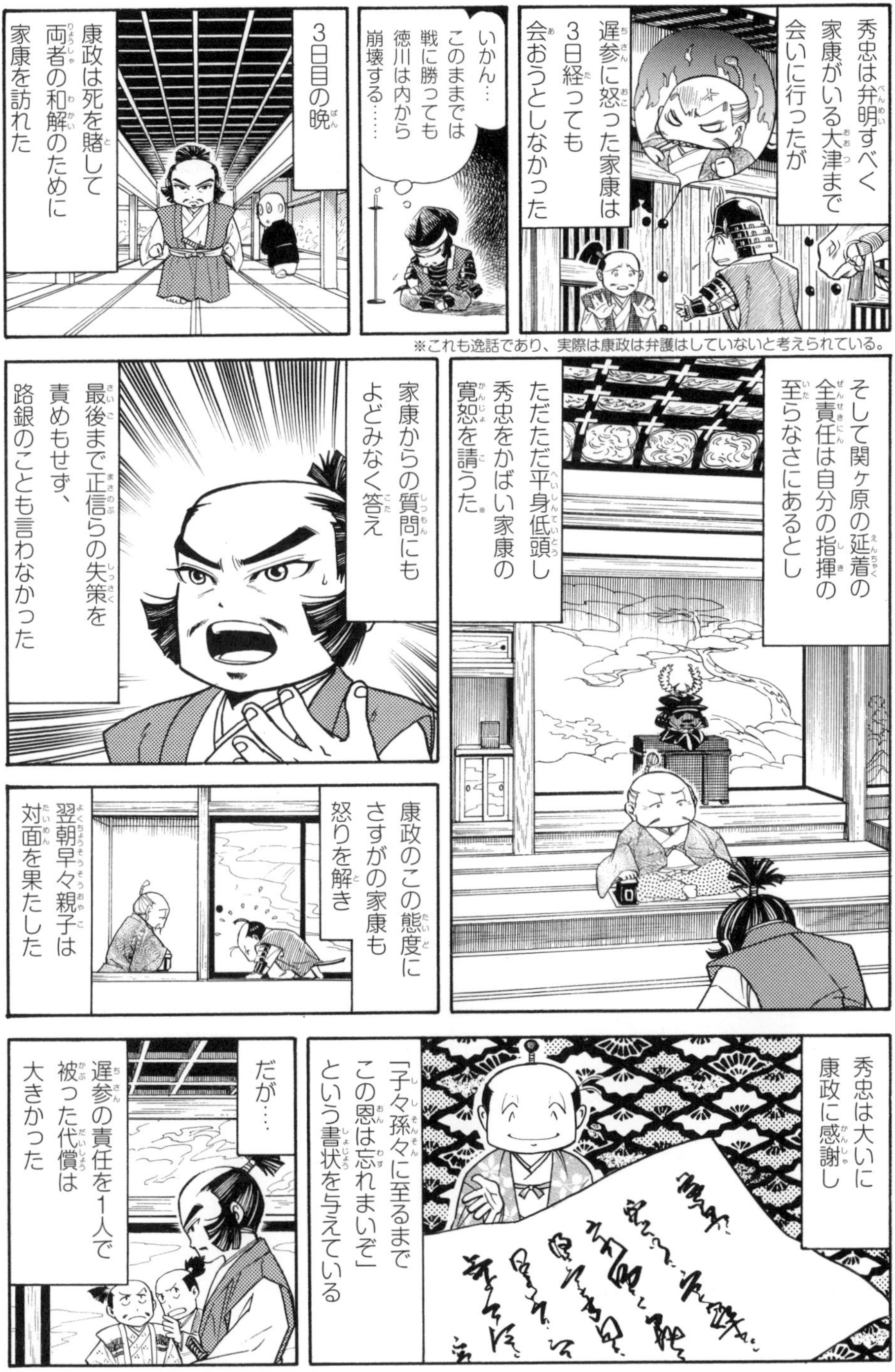
秀忠は弁明《べんめい》すべく家康がいる大津《おおつ》まで会いに行ったが
遅参《ちさん》に怒《おこ》った家康は3日経《た》っても会《あ》おうとしなかった
いかん…このままでは戦に勝っても徳川は内から崩壊する……
3日目の晩《ばん》
康政は死を賭《と》して両者《りょうしゃ》の和解《わかい》のために家康を訪れた
そして関ヶ原の延着《えんちゃく》の全責任《ぜんせきにん》は自分の指揮《しき》の至《いた》らなさにあるとし
ただただ平身低頭《へいしんていとう》し秀忠をかばい家康の寛恕《かんじょ》を請《こ》うた※
家康からの質問《しつもん》にもよどみなく答《こた》え
最後《さいご》まで正信《まさのぶ》らの失策《しっさく》を責めもせず、路銀のことも言わなかった
康政のこの態度《たいど》にさすがの家康も怒りを解《と》き
翌朝早々親子《よくちょうそうそうおやこ》は対面《たいめん》を果たした
秀忠は大いに康政に感謝《かんしゃ》し
「子々孫々《ししそんそん》に至るまでこの恩《おん》は忘《わす》れまいぞ」という書状《しょじょう》を与えている
だが……
遅参《ちさん》の責任を1人で被《かぶ》った代償《だいしょう》は大きかった

※これも逸話であり、実際は康政は弁護はしていないと考えられている。

「関ヶ原の戦い」の後
井伊直政はそれまでの
12万石から18万石に加封《かほう》され
本多忠勝は10万石据《す》え置《お》き
だったものの次男忠朝《ただとも》に
新たに5万石を与えられ
合わせて15万石になったが
榊原康政だけは
館林10万石に据え置きと
なった――
一説《いっせつ》には家康が
水戸《みと》25万石を与えようと
したところ……
弐拾五
延着の原因たる
私が恩賞《おんしょう》など
いただいては
御政道《ごせいどう》の
誤《あやま》りとなります
といって断《ことわ》った
とも伝《つた》えられる
康政は
「関ヶ原の戦い」の後
館林にこもり
隠居同然《いんきょどうぜん》の
晩年を送る
館林市指定史跡
館林
死ぬまで老中《ろうじゅう》の
地位《ちい》にあったものの
決して政治《せいじ》に
口を出すことは
なかった……
康政は
関ヶ原以来
感じていた
すでに徳川幕府は
正信ら政治家タイプの
家臣を必要としている※
我らが
徳川にできる
最後の奉公《ほうこう》は
身をひくこと
だけかのう
「老臣《ろうしん》、権《けん》を争《あらそ》うは
亡国《ぼうこく》の非《ひ》なり」という
彼の言葉が伝わっている

※徳川家中では武功派vs吏僚派の対立構造は見られず、これらは江戸時代の創作と考えられている。

1606年※5月14日 康政は没した 享年《きょうねん》59
館林の善導寺《ぜんどうじ》に 葬《ほうむ》られた
※慶長11年
群馬県館林市には
康政にまつわる 悲《かな》しい伝説《でんせつ》が今も 語《かた》り継《つ》がれている
館林駅（東武鉄道）
康政は晩年《ばんねん》 お辻《つじ》という女性を 深《ふか》く愛《あい》したが
側室《そくしつ》たちの ねたみに 耐《た》えかねたお辻は 1605年※ 城《しろ》の外堀《そとぼり》に 身《み》を投《な》げた
※慶長10年
それを 悲しんだ康政は
堀のほとりに お辻が愛していた ツツジを植《う》えた
家康の天下取《てんかと》りに 全《すべ》てを捧《ささ》げた男 榊原康政
その幕府《ばくふ》も 館林の城も 今はないが
歴代藩主はそこに 多くのツツジを 移植《いしょく》し
やがて広大な ツツジの丘 となった
変わらず咲《さ》きほこる ツツジの花だけが 今も
歴史の証人《しょうにん》として 康政とお辻の墓を 見守っている
県立公園・国指定名勝「つつじが丘公園」
世界一の規模を誇るつつじの群生地。
１万株ものつつじが植えられ、中には
樹齢８００年になるものもあるという

《参考文献》「徳川家臣団～組織を支えたブレーンたち」（綱淵謙錠／講談社）「家康の臣僚」（中村孝也／碩文社）「家康十六武将」（徳永真一郎／毎日新聞社）「家康名臣伝」（童門冬二／東洋経済新報社） 歴史読本「徳川家康と十六神将」（新人物往来社） 歴史と旅「家康と徳川十六神将」（秋田書店）「図説戦国武将１１８」（学研）「まんが館林の歴史」（村野守美／館林市企画課企画係）

榊原康政　その他のエピソード集

康政・忠勝・直政の酒宴

「関ヶ原《せきがはら》の戦《たたか》い」後の大津《おおつ》。井伊直政《いいなおまさ》が自分の宿所に本多忠勝《ほんだただかつ》と榊原康政《さかきばらやすまさ》を招いて酒宴を張った。

　三人のうち直政と忠勝は関ヶ原の合戦で大きな武勲を立てたが、秀忠《ひでただ》についていた康政だけは合戦に遅刻してしまったため手柄はなかった。

　直政はそんな康政に気を遣ってか「今回の戦、最大の功労者は式部《しきぶ》（康政）であろう。上様と中納言様《ちゅうなごんさま》の仲を取り持ったのだから。どれほど我々が勝利を得てもお家が割れてしまっては意味がない」

康政は、

「いや、何と言おうと遅れたのは事実。どうしようもない」

　すると直政より素直な性格の忠勝がずっと抱えてきた疑問を康政にぶつけた。

「しかし、どうも理解できないことがある。なぜ大殿をお諫めできるそなたほどの者が、上田城《うえだじょう》ではあの本多佐渡《ほんださど》（正信《まさのぶ》）の言いなりになり、城攻めの機会を逃してしまったのだ。もし城を攻め落としておれば、遅刻したとしてもあれほど大殿のご機嫌を損ねることもなかっただろうに」

　こういうと康政は

「その通りだな」

と答え、言い訳をするわけでもなくただ笑うばかりだったという。

康政の機転

　秀吉《ひでよし》の死後まもなくのこと。家康は大坂に来ていたが、深夜石田一派《いしだいっぱ》に襲われそうになり、船で急ぎ伏見に帰った。大坂方《おおさかがた》は兵を整え、家康を討つべく伏見に攻め入ろうと準備を進めていた。

　そのころ上洛途中にあった康政は藤川宿でこの噂を聞いて大いに驚き、夜を日についで都目指して急行した。

　近江《おうみ》に着き伏見《ふしみ》がまだ戦になっていないことを知った康政は一計を案じた。

　康政は秀頼《ひでより》の命令と称して近江に関所を設け、往来の旅人を通行止めにした。さらに「家康の大軍が来ている」と大坂に噂を流した。

　康政が3日目にようやく関所を開くと、大量の旅人が康政軍と入り混じり、まるで数万の徳川軍が伏見に上ってくるように見えたという。さらに伏見に来た康政は商人に「大軍で来たゆえ兵糧を6万人分用意すべし」と伝えたため、これらを見聞きした大坂方は家康の後を追って伏見に攻め入るのを中止し、家康は九死に一生を得た。

　伏見で康政に会った家康は彼を褒め称え、打鮑《うちあわび》を与えた。

榊原康政　ゆかりの地

①榊原康政生誕碑《さかきばらやすまさせいたんひ》（愛知県豊田市上郷）

かつて榊原家が仕えていた酒井忠尚《さかいただなお》の居城・上野城址に立つ。実際はこの碑がある場所（上野上村城）から少し離れたもう一つの上野城（上野下村城）で生まれたらしい。

②大樹寺《だいじゅうじ》（愛知県岡崎市鴨田町）

安城松平、徳川家の菩提寺。一説によると康政は少年時代ここで学問を修めたという。「桶狭《おけはざ》間《ま》の戦い」後、この寺に入った家康は寺の人間からこの少年の優秀さを聞き、小姓に取り立てたと言われている。

③榊原家墓所《さかきばらけぼしょ》（群馬県館林市楠町）

榊原家の菩提寺・善導寺《ぜんどうじ》にある康政の墓所。隣には長子大須賀忠政、2代目康勝、側室花房氏、殉死者南直道《みなみなおみち》らの墓が並ぶ。善導寺は元は館林駅近くにあったが1984（昭和59）年の駅前整備のためこの地に移転した。

その際これらの墓の発掘調査も行われ、康政の墓からは彼の遺骨も発見された。確認された遺骨はわずかな量であったが、頑丈な骨格の持ち主だったという。

④遍照寺《へんしょうじ》（群馬県館林市緑町）

もともと鎌倉初期に開山された真言宗《しんごんしゅう》寺院。康政の館林入封後、、城の近くに寺領を与えて榊原家の祈願所にしたとされる。

榊原家三代忠次《ただつぐ》が、祖父康政の守護仏である十一面観音像《じゅういちめんかんのんぞう》（伝　弘法大師《こうぼうだいし》作）を寄進、その後榊原家が転封され館林を離れてからも代々の当主から手厚い保護を受けた。寺には今も康政の位牌と守護仏がある。

⑤館林城址《たてばやしじょうし》（群馬県館林市城町）

康政が入封後、城を拡張し、城下の整備を行った城。城内のみならず城下町まで堀と土塁で囲む堅固な城であったとされる。

現在は城郭はなく、本丸址の土塁、（宇宙科学館裏）、門と城沼と呼ばれる広大な沼があるのみである。門の近くの第一資料館には墓所の出土品などが展示されている。

⑥榊神社《さかきじんじゃ》（新潟県上越市大手町）

大名榊原家が幕末を迎えた高田藩《たかだはん》があった地に、旧藩士らによって建てられた康政を祀る神社。御神体は康政が初陣の時に着用したとされる甲冑である。附属の雙輪館には康政ゆかりの品々（陣羽織《じんばおり》、鎧下《よろいした》、小袴、矢筒箙、空穂、采配など）が多く収められている。

⑦榊原家江戸屋敷址《さかきばらけえどやしきあと》（東京都千代田区ほか）

神田小川町の東京パークタワーおよび神保町三井ビルの敷地に榊原家上屋敷が、台東区の旧・岩崎邸庭園《いわさきていていえん》（三菱財閥《みつびしざいばつ》岩崎家旧邸宅）に榊原家中屋敷《なかやしき》があった。

ひゃう〜

犬山城主《いぬやまじょうしゅ》となった家康《いえやす》のブレーン

成瀬正成《なるせまさなり》

国宝《こくほう》、犬山城《いぬやまじょう》――
ここの天守《てんしゅ》の最上階《さいじょうかい》には他《ほか》の城《しろ》にはない一風変《いっぷうか》わったものがある
江戸《えど》〜平成《へいせい》に至《いた》るまでの歴代城主《れきだいじょうしゅ》の肖像《しょうぞう》！
何《なん》とこの城は2004年※まで日本《にほん》で唯一《ゆいいつ》個人《こじん》の所有《しょゆう》になる国宝の城であった
その初代城主《しょだいじょうしゅ》が成瀬正成《なるせまさなり》（1567〜1625）
江戸時代《えどじだい》を通《つう》じて徳川御三家尾張藩《とくがわごさんけおわりはん》の付家老《つけがろう》を務《つと》めた
成瀬家の開祖《かいそ》である

※平成16年

成瀬氏は三河足助《みかわあすけ》の出身《しゅっしん》で
古《ふる》くから松平《まつだいら》に仕える譜代《ふだい》の家柄《いえがら》である
成瀬氏の居城
影山城址
（岡崎市六名）
成瀬正成（幼名《ようみょう》小吉）も
なるせの"る"
幼い頃より家康の小姓《こしょう》として仕えた
初陣《ういじん》は1584年※
17才のときの「長久手の戦い」である
※天正12年
ワーーー
な…
成瀬小吉兜首《かぶとくび》1つ挙《あ》げました
ゼェ ハァ
おおでかした
成瀬は初陣…何とかケガなく帰《かえ》してやりたいものだ
ご苦労《くろう》
もう戦場《せんじょう》に出《で》なくてよいぞ
ここにおれ
ワー
浄土
お味方《みかた》が敵《てき》の猛攻《もうこう》をうけております！
なに…
ヨロ…
どこへいく小吉
もう行かなくてよいのだぞ

今回《こんかい》の戦は敵《てき》が脱走《だっそう》してはじめて勝利《しょうり》と言えるもの!
名《な》も知《し》らぬ首《くび》1つに満足《まんぞく》し大義《たいぎ》を見失《みうしな》っては
武士《ぶし》の道《みち》に外《はず》れます
……
ほう…
ではごめん
成瀬正成は
さらに首一つ挙げた
きまじめな性格《せいかく》であった
家康は正成の優《すぐ》れた資質《ししつ》を見抜《みぬ》き500石と根来衆《ねごろしゅう》を与えた
弱冠《じゃっかん》17才で一軍《いちぐん》の将になったのは徳川家中《かちゅう》で最年少《さいねんしょう》である
若《わか》き日《ひ》の正成にはこんな話《はなし》がある
豊臣秀吉
家康どの
成瀬正成をわしにくれ
大層有能《たいそうゆうのう》な若者だそうじゃないか
うちで5万石で召し抱えよう
という話がきたんだがどうじゃ正成
成瀬正成(当時2千石)
そなたにとっても良い話じゃ
太閤《たいこう》が喜《よろこ》べばワシの立場《たちば》も良《よ》くなるし一石二鳥《いっせきにちょう》じゃ
…?
……

情《なさ》けないお言葉《ことば》…
身命《しんめい》を賭《と》して仕《つか》えて参《まい》ったのはそのようなことのためでは……!
どうしても行《い》けとおっしゃるなら
成瀬正成
ここで腹《はら》を切《き》りまする!!
こ…こいつ本気《マジ》だ…!
秀吉から誘《さそ》いをうけた三河武士は数《かず》あれど
は…
わわかった断る断るから
本気《ほんき》で切腹《せっぷく》すると言《い》い放《はな》ったのは正成くらいである…
正成は特《とく》に行政面《ぎょうせいめん》にすぐれた能力《のうりょく》を発揮《はっき》し
若くして家康の内政《ないせい》・外政《がいせい》に欠《か》かせぬ人材《じんざい》となった
堺奉行《さかいぶぎょう》を経て老中《ろうじゅう》に出世《しゅっせ》
正成は500石の小姓《こしょう》から
3万4千石の大名《だいみょう》に出世《しゅっせ》していた
しかし
ここで正成の一生《いっしょう》を大きく変えるできごとがおきる
ウロ
ウロ
ウロ
……
…?

※将軍から見て家来の家来。「また者」ともいう。

名を知らぬ首1つに満足し大義を見失っては
武士の道に外れます
……
…わかりました
どこにいても忠義《ちゅうぎ》は同じです
家康は大いに喜《よろこ》び
正成に刀《かたな》を与えた
これは
もし若き主《あるじ》が諫言《かんげん》を聞き入れない時《とき》は父である自分に代わり討《う》てという意味《いみ》だった
こうして「付家老《つけがろう》」が誕生《たんじょう》した
付家老は家康の息子（後《のち》の御三家《ごさんけ》）を補佐《ほさ》するとともに将軍家の意《い》を受け彼らを監視《かんし》する役割《やくわり》も担《にな》う
家康の計《はか》らいにより
付家老は陪臣でありながら石高は数万石国内《こくない》に城も与《あた》えられ
今までと同じように幕政《ばくせい》に参加《さんか》することも約束《やくそく》された
尾張藩（9男義直）
・成瀬家
・竹腰家
※紀州藩（10男頼宣）
・安藤家
・水野家
水戸藩（11男頼房）
・中山家
※10男頼宣は家康生前は駿河藩主
※水戸藩を含め御三家といわれるようになったのは綱吉のころ

※慶長19年
一方で正成は
家康にひたすら尽くすだけの男ではなかった
1614年※
重臣大久保忠隣《おおくぼただちか》が謀反《むほん》の疑《うたが》いをかけられ失脚した時のこと
幽閉されている大久保忠隣
オレは無実《むじつ》だ
それを殿に一言申し上げたい…!
忠隣からの訴状《そじょう》が駿府に届けられたが
家臣たちは家康の怒りを買うことを恐れ誰もそれを奏上《そうじょう》しようとしなかった
EXPRESS
速達
ズ…
なッ 成瀬どの
忠隣どのの手紙です
何イ!?
…どうか お読み下され
正成が差し出した手紙《てがみ》によって
忠隣の無実が初めて家康に伝わった
…
1616年※
徳川家康死去
徳川義直《よしなお》が尾張に入るとともに
付家老の正成にも犬山城が与《あた》えられた
↑※当時の犬山城は二階建て
※元和2年

尾張藩のナンバー2の地位《ちい》にあっても正成はあい変わらずきまじめだった
毎日早朝《そうちょう》から名古屋城に出仕《しゅっし》したので
藩主の義直は朝寝《あさね》もできず勤《つと》めに励《はげ》んだという
義直が狩《か》りに出るときも
必ず門前《もんぜん》まで見送《みおく》って親《おや》のように教《おし》え諭《さと》した
殿《との》！今日《きょう》はお寒《さむ》い 風邪《かぜ》をひかぬよう早《はや》くお帰《かえ》りなされよ
はぁい…
義直もまたそんな正成を敬愛《けいあい》し
彼だけに主君の前でも頭巾《ずきん》を被る特権《とっけん》を与えた
そんな正成の最期《さいご》は―― 非常《ひじょう》に彼らしいものであった
1625年※1月17日
成瀬家、江戸屋敷――
日光《にっこう》に行きたい
は…っ
…
家康様のおわす日光に参り そこで死にたい
日光に行く!!
わ～ッ
お お待ち下さい 殿!!

※寛永２年

お止《や》めください
今は1月ですぞ
だまれ…
ワシ1人でも
行く…!
さえぎる者は
斬りすてる…
殿…!
やむなく
側役《そばやく》たちは正成の
病床《びょうしょう》をかついで
部屋《へや》の中を回《まわ》り
日光に行く
ふりをした
その横で
1人が日光道中《どうちゅう》の
駅名《えきめい》を読《よ》み上《あ》げる
栗原宿で
ございます
次は幸手宿
……
ゆっさ
ゆっさ
やがて
た…
日光に
着きまして
ございます
…おろせ
家康様…

犬山城天守より
小牧城方面を望む

《参考文献》「寛政重修諸家譜」「成瀬正成公傳」（成瀬美雄／同労舎）「家康の家臣」（中村孝也）「犬山城パンフレット」「徳川御三家付家老の研究」（小山譽城／清文堂出版）「TOBUMARCO（フリーペーパー）」「vol14 冬の日光山内不思議発見の旅」

成瀬正成　その他のエピソード集

家康流「それとない」頼み方

　我が子の守役を誰にするかで悩んでいた家康《いえやす》は、ある日諸大名出仕の折、成瀬正成《なるせまさなり》と安藤直次《あんどうなおつぐ》に、

「頼みたいことがある」

と言って残らせた。

「何事だろう」

と思っている両人を前に家康は何ということもない世間話をした末、

「武家には一人、主も恐れるくらいの難しい家臣がいなければ家は長く続かないものだのう」

と言い、別にこれといった用事も言わず両人に湯漬けを出して退出させた。

「……？」

　翌日も彼らは呼び出され、前日と同じように家康と話をした。

　その翌日、今度は日中から呼び出され一汁三菜の料理を出されたが、やはり何も用事は言いつけられなかった。

「……？？」

　正成ははたと思いつき、

「これは我々にご子息がたのお守役につけ、ということではないのだろうか」

と安藤に言った。

　二人は「陪臣になっても忠義は同じ」と申し合わせ、守役を引き受けることを言上した。

　果たして正成の読みどおり、家康が言いかねていたことはまさにそれであった。

　こうして正成は家康の九男・義《よし》直《なお》の付家老に、安藤は十男・頼宣《よりのぶ》の付家老になったという。

必要とあらば家康をも一喝

「大坂夏の陣」の時、家康は息子である義直と頼宣を本陣に呼んだ。しかし義直がなかなか来ない。ついに業を煮やした家康は伝令のいる前で義直の家老である正成への怒りを爆発させた。

「正成の腰ぬけめ！なぜ義直を連れて来ぬのだ！早く来いと伝えよ！」

　義直と正成たちのもとへ来た伝令は家康のこの言葉をそのまま伝えてしまった。

　それをきいた正成は伝令に対し、

「わしが腰ぬけとは殿とはいえ聞き捨てならぬ。殿こそ三方ヶ原《みかたがはら》で腰を抜かして命からがら逃げ延びたであろうに」

と間髪いれず反論した。

　その後、正成が家康に面会していわく、

「義直様はまだ若年。私を頼りになさっています。多くの家臣の前で、義直様を不安にさせるような殿の発言をそのまま伝える伝令をよこされるのはおやめ下さいますよう」

　それを聞いた家康はその通りだと納得し、

「そなたがわしのことを臆病者と呼んだことは気にしておらぬ」

と言い、彼を許したという。

成瀬正成　ゆかりの地

①影山城址《かげやまじょうし》（愛知県岡崎市六名）

足助《あすけ》に住んでいた成瀬氏が、松平氏の南下に伴い岡崎《おかざき》に移住して城を構えた場所。成瀬正成もこの地で生まれ、家康の小姓として浜松《はままつ》に行くまでこの地で過ごしたとされている。

現在は住宅地となっているが、道路より一段高くなった地形がかつて城だったことを髣髴《ほうふつ》とさせる。

②安心院《あんしんいん》（愛知県岡崎市明大寺）

もとは源義経が浄瑠璃姫の菩提を弔うため建てた寺が始まりといわれ、寺には今でも義経の念持仏とされる十一面観音像《じゅういちめんかんのんぞう》（行基《ぎょうき》作）がある（公開は旧暦7月10日）。

1448（文安5）年に成瀬国平（正成の曽祖父の父）が大檀那になりこの寺を建立、木像の釈迦如来像を寄進し、それ以来成瀬家の菩提寺となる。

昔は七堂伽藍を兼ね備えた大寺院であったが、今は本堂と庫裏が残るのみである。

③犬山城《いぬやまじょう》（愛知県犬山市北古券）

1537（天文6）年織田信長《おだのぶなが》の叔父によって創建された城。「小牧《こまき》・長久手《ながくて》の戦い」時には豊臣秀吉《とよとみひでよし》が入城しており、秀吉が使用したとされる桶などが今も残っている。

尾張藩誕生に伴い正成が城主として赴任、以後成瀬家が明治まで所有する。明治になり一時政府のものとなるが、1891年の濃尾《のうび》地震で大きな被害を受け、それを修復する条件で再び成瀬家に返還された。

城内には当主が他家の使節を迎えるために作られた「上段の間」などがある。

なお、犬山城はもともと2階建てで、それより上は成瀬家によって増築されたものである。

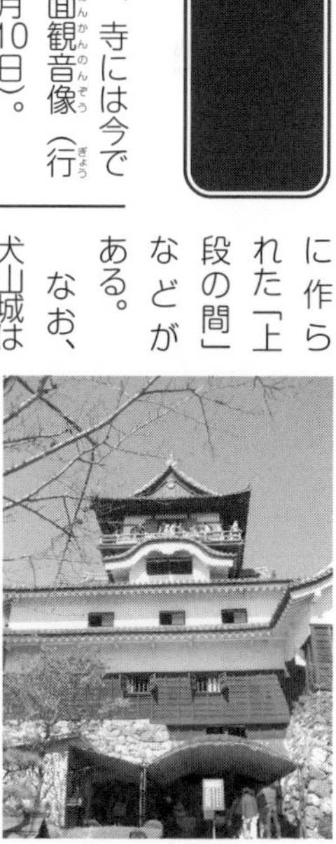

④白林寺《はくりんじ》（愛知県名古屋市中区栄）

尾張藩主徳川義直《とくがわよしなお》が正成の菩提を弔うために創建した寺。以来成瀬家代々の菩提所となっている。

また名古屋市には成瀬家の名前（藤原朝臣成瀬隼人正《ふじわらのあそんなるせはやとのかみ》）にちなんだ藤成《ふじなり》通り、隼人池（正成の息子正虎《まさとら》が開拓した藤成新田に水を供給するために作らせた池。現在は公園）という地名も残っている。

⑤宝成寺《ほうじょうじ》（千葉県船橋市西船）

成瀬正成の次男之成《ゆきなり》が治めた栗原《くりはら》藩成瀬氏の菩提寺として創建された。之成の墓、第七代犬山城主はじめ一族の墓17基があり、市の文化財に指定されている。

尾張藩付家老マップ
名古屋
平安通
大曽根
ナゴヤドーム
名城公園
森下
清水
尼ヶ坂
名古屋城
名古屋城二の丸跡
蓬左文庫《ほうさぶんこ》
(徳川美術館)
東大手
市役所
愛知県庁
東区役所
久屋大通り
高岳院《こうがくいん》
丸の内
高岳
車道
栄町
テレビ塔
布池カトリック教会
新栄町
今池
栄
中区役所
千種
名古屋守綱寺《しゅこうじ》
ナディアパーク
白林寺《はくりんじ》
興善寺《こうぜんじ》
大須観音
矢場町
吹上
椙山学園
椙山女学園高校
南山大学名古屋キャンパス
藤成通り
隼人池
天白養護学校
八事山興正寺
旧渡辺家書院及び茶室
平田院《へいでんいん》
愛知CC(ゴルフ場)
藤成通り《ふじなり》
隼人池《はやといけ》
名古屋大学
川名
御器所
名古屋国際高校
旧渡辺家書院及び茶室
南大山
いりなか
八事小
八事山興正寺

※□＝地下鉄駅

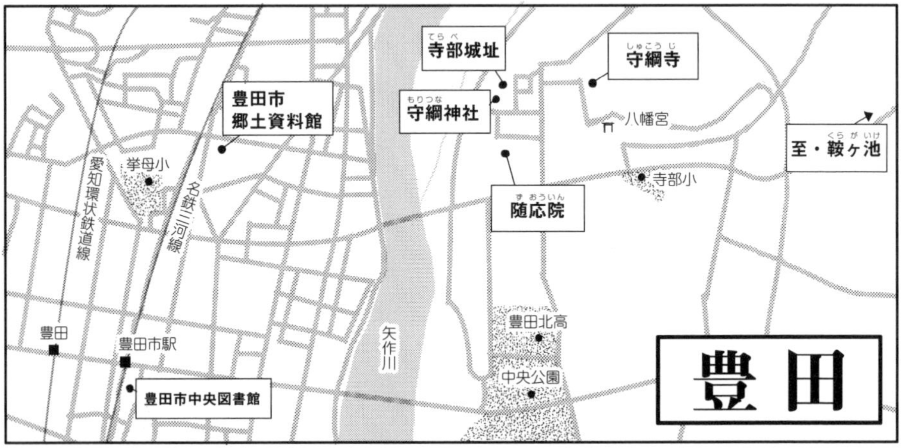
寺部城址《てらべ》
守綱寺《しゅこうじ》
豊田市郷土資料館
守綱神社《もりつな》
八幡宮
至・鞍ヶ池《くらがいけ》
挙母小
寺部小
愛知環状鉄道線
名鉄三河線
随応院《ずおういん》
矢作川
豊田北高
豊田
豊田市駅
中央公園
豊田市中央図書館
豊田

尾張藩 付家老マップ

■名古屋

名古屋城二の丸跡	平岩親吉が晩年ここで政務を執り、没したとされるところ。現在は広場。
蓬左文庫	尾張藩の旧蔵書を所蔵する公開文庫。
高岳院	親吉が養子の仙千代のために建てた寺院。
名古屋守綱寺	渡邉守綱の名古屋における菩提寺。現在は看板のみらしい。
白林寺	徳川義直が成瀬正成の菩提を弔うために建てた寺院。
興善寺	史書で渡邉守綱の墓所があったとされる寺。
藤成通り	藤原朝臣成瀬隼人正にちなんでつけられた通り。
旧渡辺家書院及び茶室	守綱の子孫で有名な茶人でもある渡辺規綱の別邸に建築された書院を、昭和美術館内に移築したもの。
隼人池	正成の息子正虎が開拓した藤成新田に水を供給するために作らせた池。現在は公園。
平田院	平岩氏の菩提寺。親吉の墓は現在平和公園の平田院墓地に移されている。寺号の平田院は親吉の戒名「平田院殿越翁休岳大居士」に由来する。

■豊 田

豊田市郷土資料館	常設展に寺部城主渡邉家に関する展示・挙母城主内藤家に関する展示がある
寺部城址	守綱が赴任し、陣屋を建てた場所。家康初陣の地でもある。現在は公園になっており、屋敷や蔵の土台が残っている。
守綱神社	寺部城の南西に位置し、守綱はじめ歴代渡邉家当主を祀る。
守綱寺	渡邉家の菩提寺。守綱はじめ歴代当主の位牌・墓がある。
随応院	守綱の妻（平岩親吉の姉妹）はじめ歴代渡辺家当主の正妻たちの墓地がある。こちらは浄土宗。
鞍ヶ池	守綱の息子重綱が農業用に掘った人工池。視察に訪れた重綱が「この池の主となれ。」と言って自分の馬の鞍を投げ入れたことからこの名がついた。

精鋭《せいえい》「赤備《あかぞな》え」を率《ひき》いた猛将《もうしょう》

井伊直政《いいなおまさ》

徳川家康《とくがわいえやす》の家臣《かしん》の出世頭《しゅっせがしら》といえば
何《なん》といってもこの人《ひと》井伊直政《いいなおまさ》である!
有名な井伊直弼は子孫です
所領《しょりょう》も家臣《かしん》も皆無《かいむ》の状態《じょうたい》から
42年の短《みじか》い生涯《しょうがい》で
家中筆頭《かちゅうひっとう》の18万石の大大名《だいだいみょう》にのし上がった
家康《いえやす》からも最《もっと》も信頼《しんらい》され
「凶賊討伐第一《きょうぞくとうばつだいいち》の功臣《こうしん》にして徳川創業《そうぎょう》の元勲《げんくん》」とまで言われた彼の生涯《しょうがい》
それは逃亡《とうぼう》から始まった!

※井伊直政については『マンガで読む井伊直政とその一族』（すずき孔 / 戎光祥出版）も参照されたい。

井伊直政※は1561年※
遠州《えんしゅう》井伊谷《いいのや》の豪族《ごうぞく》
井伊家の後跡《あとつ》ぎとして
生《う》まれた
井伊谷
浜松
浜名湖
井伊家は藤原氏《ふじわらし》を
祖《そ》とする古《ふる》い家柄《いえがら》で
当時《とうじ》の価値観《かちかん》から
言《い》えば彼は超名門《ちょうめいもん》の
お坊《ぼっ》ちゃんであった

※永禄4年

だが　彼が2才の時
父は今川氏真《いまがわうじざね》の
家臣に殺され
後継《こうけい》である
彼も生命《いのち》を
狙《ねら》われる
直政15才の時
人生《じんせい》の転機《てんき》が
おとずれた
遠州を制圧《せいあつ》した
徳川家康に会い
小姓《こしょう》の1人として
取《と》り立《た》てられたのだ
母《はは》とともに寺《てら》から
寺へ隠れ住む毎日
苦難《くなん》の少年《しょうねん》時代《じだい》を
送るなかで
いつか名門《めいもん》
井伊家を
再興《さいこう》する！
それが直政少年の
夢《ゆめ》となってゆく
家康は彼の
聡明《そうめい》さを見抜《みぬ》き
早《はや》くから軍役《ぐんやく》・内政《ないせい》・
外交《がいこう》に従事《じゅうじ》させた
英才教育♪
22才にして直政は
隣国北条氏《りんごくほうじょうし》との講和《こうわ》の
代表者《だいひょうしゃ》を務《つと》めている
もちろん
この破格《はかく》の
扱《あつか》いを
快《こころよ》く思《おも》わない
者《もの》たちもいる

※直政の幼名

家康は栗毛《くりげ》の名馬《めいば》を
秘蔵《ひぞう》していたが
直政の求《もと》めに応《おう》じ
惜《お》しげもなく与《あた》えた
だがそれを聞いた
譜代《ふだい》の家臣
本多作左衛門《ほんださくざえもん》が
聞《き》こえよがしに
あのような駿馬《しゅんめ》を
万千代《まんちよ》※ごとき
若造に賜《たまわ》るとはの―
まったく
殿もお目が暗《くら》く
なられた
ものよ
……
まったく
万千代
ごときに
ほだほだ
三河衆にとって
直政は征服地《せいふくち》の
降伏人《こうふくにん》にすぎない
それが大した功もなく
取り立てられている!
おもしろかろう
はずがなかった
そんな折《おり》
甲斐《かい》を平定《へいてい》した家康は
武田の旧臣《きゅうしん》を吸収
当時最強《とうじさいきょう》といわれた
武田の騎馬隊《きばたい》
ほとんど全てを
なんと弱冠《じゃっかん》23才の
直政に与えた!!
OKAZAKI
IINO-YA

彼らは家康の命で具足《ぐそく》・指物《さしもの》・鎧《よろい》・鞍《くら》・馬の鞭《むち》まで全て赤一色で統一された
このド派手な部隊は「井伊の赤備《あかぞな》え」と呼ばれた……が
それを率《ひき》いる直政の戦闘《せんとう》スタイルはもっと派手《はで》だった
直政はいつも先鋒《せんぽう》である!
例え他の者が先鋒の時でも抜《ぬ》け駆《が》けして無理矢理《むりやり》先鋒になる
ドドドドド
わっズルイ!
そして一人突進《とっしん》していく
大将の馬印《うましるし》とともに派手な天衝《てんつき》※をつけて動くので敵から目立つこと
※兜の脇立。直政の甲冑に大天衝はなかったとする説もある。
一人働きはやめなされ!
与力《よりき》が止めようとすると
ぐい
わーッ
ぶんッ
怒って本気で斬《き》りかかってくる
あげくは
大将が目下と組打《くみう》ちなどなされるな
早《はよ》う陣《じん》に戻られい!
ムキーキーッ
そんなわけで彼はほとんど陣におらず
指揮《しき》は与力《よりき》が取っていた
……
毎回《まいかい》そんな戦い方をしていたので…

先輩《せんぱい》の猛将本多忠勝《もうしょうほんだただかつ》は軽装備《けいそうび》でも一生一度《いっしょういちど》も負傷《ふしょう》しなかったのに対し
直政は重い鎧《よろい》を着ていながら生傷《なまきず》がたえなかったという
とにかくこの大将自《たいしょうみずか》ら功《こう》を争《あらそ》って突進してくるという命知《いのちし》らずな部隊《ぶたい》は赤鬼《あかおに》と呼ばれ敵から恐れられていた
鬼よりこわい…
直政のこんな猪突猛進《ちょとつもうしん》ともとれる戦いぶりについて
ある史家《しか》はこう分析《ぶんせき》している
三河衆からの嫉妬《しっと》をおさえさらには
部下である武田の猛者《もさ》たちに自分を認めさせるためには
自らの武勇《ぶゆう》を見せ手柄《てがら》を立てねばならなかった
そのためには最前線《さいぜんせん》で戦うしかない！
それを本能的《ほんのうてき》に感じとっていたのだ——と※
※「井伊軍誌」による
戦のみならず直政は外交《がいこう》でも才能《さいのう》を開花《かいか》させる
よそ者であったがゆえに
「外から三河を見る客観的《きゃっかんてき》な視点《してん》」が彼には備《そな》わっていた

そんな
直政の評判《ひょうばん》は
人材収集《じんざいしゅうしゅう》マニア
秀吉の下《もと》にも届《とど》き
だが秀吉が官位《かんい》を
やろうといっても
わたしの家は
九条家《くじょうけ》の末流《まつりゅう》で
ございますから
きっぱり
官位
へたな官位では
先祖《せんぞ》の面目《めんもく》を
失《うしな》いまするゆえ
いただかぬ方が
ましでございます
……などと
注文《ちゅうもん》をつけ
彼は直政を
部下《ぶか》にしようと
誘いをかける
?
家康の他の家臣が
従五位下諸大夫《じゅごいのげしょだいぶ》の
叙任だったのに
ま、こんなもんか
1人だけ
従四位下侍従《じゅしいのげじじゅう》と
なった
秀吉の甥《おい》 秀次《ひでつぐ》と
碁《ご》を打ったときは
長久手《ながくて》戦における
秀次の敗走《はいそう》ぶりを
楽しそうに話し
Pera Pera
ひく…
周囲《しゅうい》を
ハラハラさせた…
そんなある日秀吉は
直政を茶会《ちゃかい》に招く
そこには接待役《せったいやく》として
かつて家康の重臣《じゅうしん》だった
石川数正《いしかわかずまさ》がいた

数正《かずまさ》は外交役《がいこうやく》として
家康と秀吉の和平《わへい》を
主張《しゅちょう》したが
三河衆の反発《はんぱつ》に
遭《あ》って居《い》づらくなり
秀吉の下《もと》に走った男である
だが普段
礼儀正《れいぎただ》しい直政は
このとき——
これなる数正は
主君《しゅくん》を裏切《うらぎ》った
大臆病者《だいおくびょうもの》!!
不肖《ふしょう》直政
この者との同席《どうせき》は
ご免蒙《めんこうむ》りたい!
かつての同僚《どうりょう》
2人がどんな
顔をするか…
これは秀吉の
いじわるな
演出《えんしゅつ》であった
と怒《いか》りもあらわに
タンカをきった!
同席《どうせき》していた
他の者たちは
恐《おそ》れおののいた
いたずらとは
いえ天下人《てんかびと》の
もてなしを
弱冠《じゃっかん》25才の
若造《わかぞう》が堂々《どうどう》と
面罵《めんば》したのだ
豊臣何をするものぞ
という直政の
心意気《こころいき》である!
だがあるいは
直政をここまで
怒《おこ》らせたのは
自分と同じように
三河衆《みかわしゅう》の頑迷《がんめい》さと
戦いながら
それに負《ま》けて逃《に》げた
先輩《せんぱい》への失望《しつぼう》だった
のかもしれない
秀吉の厚遇《こうぐう》にも
かかわらず直政は
アンチ秀吉を貫《つらぬ》いた
そして終生《しゅうせい》
家康に忠実《ちゅうじつ》だった

直政には先祖代々《せんぞだいだい》仕《つか》える譜代《ふだい》としての信用がない
すこしでも不穏《ふおん》な動きを見せれば
反対派はすぐ裏切り者だと噂《うわさ》するだろう
ゆえにつねに家康につき従《したが》い
何度もその危機《きき》を救った
生来《しょうらい》の三河衆でなかったゆえに
誰よりも三河武士たろうとしたその〝緊張感《きんちょうかん》〟が
家康の絶大《ぜつだい》な信頼《しんらい》をかち得《え》ていくこととなる
直政はその後数々の手柄を立て
関東移封時《かんとういほうじ》は徳川家臣中最高の12万石の主《あるじ》となる
数《かぞ》え30の若さであった
直政が命名した高崎《たかさき》（群馬県）
余談《よだん》ながら12万石となった彼は本多作左《さくざ》を呼び止め
あの時の駿馬のおかげで今のわしがあるのだ
見る目がなかったのはそっちの方だったな
ふん!
と大人げない仕返《しかえ》しをしている
生涯三千石 止まりだった人。
公的《こうてき》には秀才《しゅうさい》といえる直政も
私的《してき》には大きな欠点《けってん》があった
↑高崎城跡

※なお、井伊直政のエピソードは江戸時代の編纂物に書かれた逸話がほとんどである。

上司《じょうし》としての直政ははっきり言って三流《さんりゅう》で
そのあまりに激《はげ》しい性格《せいかく》ゆえに
ささいなことですぐ家臣を手《て》打《う》ちにした
つけられた渾名《あだな》が「人斬り兵部《ひょうぶ》」※
辞めたくても怒りが怖くて言い出せず
家臣は朝 家族と水杯《みずさかづき》を交わして出仕《しゅっし》していた
直政からすれば
何で下々の者の気嫌など取らにゃいかんのだ
ということなのだろうが……
1602年※彼が死んだ時
当時《とうじ》まだ殉死《じゅんし》は禁止《きんし》されていなかったにもかかわらず
誰《だれ》1人彼の後を追う者はいなかったという※
ホッ…としてたりして。
彼の死因は関ヶ原《せきがはら》で肘《ひじ》に受けた銃創《じゅうそう》が悪化《あっか》したためだった……
敗走《はいそう》する敵を無我夢中《むがむちゅう》で追いかけたため
孤立《こりつ》したところを撃《う》たれたのだという

※直政は兵部少輔と名乗っていた。

※慶長7年

※当時、主君病死の際は殉死の習慣はなかったという研究もあるが、忠勝、康政が病死したときには殉死者が出ている。

直政は関ヶ原の功で
佐和山《さわやま》（のち彦根《ひこね》）
18万石に封ぜられた
以後彦根は幕末《ばくまつ》まで
一度の国替《くにが》えもなく
井伊の都として栄《さか》える
直政は
その子孫と
ともに
ここ清涼寺《せいりょうじ》に
葬《ほうむ》られているという
偶然お会いした井伊家の方
墓所は本堂のウラですよ
だが200余年の
井伊家の墓《はか》は
あまりにも多く
井伊家独特の墓石の形だそうです
どれが直政の
墓なのかなかなか
わからなかった
その後教えていただいて判明しました
だがまあ
こんな姿《すがた》も
直政らしいの
かもしれない
短気で強情《ごうじょう》で
決して天才《てんさい》では
なかったけれど
その強烈《きょうれつ》な
プライドを
心の支えに
逆境《ぎゃっきょう》からトップに
駆け上った
祈るぞよ
子の子の末の末までも
守れあふみ（近江）の
国津神々
（直政辞世）
そして今 彼は
生涯誇《しょうがいほこ》りとした
〝井伊一族〟の1人
として眠っている
幼い日の夢を
見事《みごと》に
叶《かな》えたのだ

《参考文献》「井伊軍志」（井伊達夫／宮帯出版社）「徳川家臣団〜組織を支えたブレーンたち」（綱淵謙錠／講談社）「家康の臣僚」（中村孝也／碩文社）「家康十六武将」（徳永真一郎／毎日新聞社）「関ヶ原／家康と勝ち組の武将たち」（加来耕三／立風書房）「家康名臣伝」（童門冬二／東洋経済新報社） 歴史読本「家康と十六神将」（新人物往来社） 歴史と旅「家康と十六神将」（秋田書店）「図説戦国武将118」（学研） 彦根城博物館パンフレット

井伊直政　その他のエピソード集

究極のやせ我慢

「本能寺《ほんのうじ》の変《へん》」直後、伊賀《いが》越《ご》えをして岡《おか》崎《ざき》に逃げ帰る家康《いえやす》一行。その中にはまだ小《こ》姓《しょう》であった直政《なおまさ》もいた。

途中、神社があり赤飯が供えられていた。飢えていた家康一行は皆それをほおばった。しかし、最年少の直政だけは食べようとしない。

「飢えをしのがぬは馬鹿者ぞ」

気遣って家康が言うと直政、

「私は敵が来たらここで踏みとどまって死ぬ覚悟です。殿はその間にどうかお逃げ下さい。その時、社殿の赤飯を食っていた

などと敵に笑われてはいかにも無念。それゆえ私は食いません」

首を切られたとき、その切り口から食べたものが出てきて醜い死に様になる。直政はそれを嫌ったのである。

恐妻家？　直政

直政の妻は家康の養女であった。そのため直政はかなり正妻に気を遣っていた。しかし何の間違いか、妻の侍女に手を付けて懐妊させてしまう。

妻の嫉妬を恐れた直政は身重の侍女を実家に送り返し、侍女はそこで男児（直政の次男・後の直孝）を生む。

彼女は箕輪《みのわ》の直政のところに行き、我が子を認知してくれるよう直政に直訴しその子（直孝《なおたか》）を引き渡した。

しかし直政はやはり正妻の怒りを恐れて直孝を城には置かず、領内の名主に預けて育てさせた。

息子が12才になった時、直政は初めて内々に我が子に謁見し、愛用の采配を与えた。また罪人を自分の代わりに試し斬りさせ、褒美として鷹と犬の子を与えた。

しかしとうとう直政は直孝を息子として迎え入れることはしないまま、直孝が13才の時、世を去った。

直孝は初め秀忠に仕え、やがてその器量を家康からも認められ、正妻の子である兄に代わって井伊家当主となった。

兄（年は直孝と同じ）は直政の残した家臣を上手く束ねられず、直政の遺領の一部を受け継ぎ分家となった。

理想の家臣

家康が秀忠《ひでただ》の正室に送った書状の中で直政について語っている箇所がある。

「…自分に都合の良いことだけ聞くのが好きなら、へつらう人々は主人の好きなことばかり言うようになります（中略）。私には井伊兵部少輔直政という家臣がいます。彼は普段言葉少なく、何事も人に言わせて黙って聞いており（中略）。しかし考えが決まれば直に意見を述べるのです。特に、（中略）（私が考え違いをしている時などは人前で間違いを指摘したりせず）人のいないと

ころで物柔らかにことの善悪を申し述べるのです。それ故、後には何事もまず直政に相談するようになったのです。」

後に「家康庭訓状《ていきんじょう》」と呼ばれるこの書状（通称「御婦美《おふみ》」）には現代でも十分通じる家康の教育論が展開されており、支配階級の教育書として全国の大名の奥方によって書写されたという（偽書という説あり）。

井伊直政　ゆかりの地

①井伊谷龍潭寺《いいのやりょうたんじ》（静岡県浜松市北区引佐町）

井伊家は平安《へいあん》時代からこの地を支配してきた豪族であった。菩提寺であるこの寺には直政の先祖の墓や井伊家歴代の位牌、直政と先祖の木像などが安置されている。

また近くには井伊谷城址、初代井伊共保出生の井戸、井伊直政生誕碑など、井伊家ゆかりの場所が多くある。

近くには「いいさま饅頭」という郷土銘菓も売っている。

②箕輪城址《みのわじょうし》（群馬県高崎市箕郷町）

家康の関東《かんとう》移封《いほう》にともなって直政が入封した城。建物は残っていないが、直政が大改修を施し近世城郭に生まれ変わらせたという広大な城址が往年の規模を偲ばせている。また、箕輪には直政創建の龍門寺《りゅうもんじ》もある。

③高崎城址《たかさきじょうし》（群馬県高崎市高松町）

直政が箕輪から移り住んだ城。もとは和田《わだ》という地名だったのを高崎に改名した。現在城址は広大な公園となっており、わずかに櫓と門と堀の一部だけが残されている。

また高崎には直政が箕輪龍門寺の白庵秀関を招き創建した高崎山龍広寺もある。秀関は高崎という地名の名づけ親ともいわれる。

④彦根城博物館《ひこねじょうはくぶつかん》（滋賀県彦根市金亀町）

国宝彦根城の手前にある博物館。直政関連の宝物のほとんどを所蔵し、井伊家関連の特別展も行われる。また、能楽堂でも有名。

彦根城自体は直政の死後家老の木俣守勝《きまたもりかつ》の指揮によって造られたものである。

ここ数年はゆるキャラの帝王「ひこにゃん」の出没地として全国にその名を知られるようになった。

⑤清凉寺《せいりょうじ》（滋賀県彦根市古沢町）

佐和山《さわやま》の麓、島左近《しまさこん》の邸宅址に建つ寺。本堂の裏に山の斜面を利用して作られた広大な彦根井伊家歴代の墓所があり、その中で一つだけ囲いがしてある墓が直政のものである。

寺の隣には直政が井伊谷から移した龍潭寺、その隣には直政を祀る井伊神社がある。

⑥長松院《ちょうしょういん》（滋賀県彦根市中央町）

直政が火葬にされた跡地に建つ寺。

謎の出奔《しゅっぽん》を遂《と》げた家康《いえやす》の片腕《かたうで》
石川数正《いしかわかずまさ》

1585年※11月13日
徳川家康《とくがわいえやす》とその家臣《かしん》に
衝撃《しょうげき》が走った
徳川家筆頭家老《ひっとうがろう》
石川数正《いしかわかずまさ》が主君《しゅくん》を
裏切《うらぎ》り秀吉方《ひでよしがた》へ
寝返《ねがえ》ったのだ

↑※当時の岡崎城にはまだ天守はありません

※天正13年

西三河《にしみかわ》の実質上《じっしつじょう》の
総司令官《そうしれいかん》である
数正は
東三河《ひがしみかわ》の酒井忠次《さかいただつぐ》と
ともに他《ほか》の家臣《かしん》とは
別格《べっかく》の存在《そんざい》だった
重臣中《じゅうしんちゅう》の重臣たる
彼《かれ》の出奔の理由《りゆう》は
今《いま》も深《ふか》い謎《なぞ》に
包《つつ》まれている

筆者《ひっしゃ》が数正を知ったのは大河ドラマの「徳川家康」
彼の出奔シーンに子ども心に深く印象《いんしょう》に残っていて
うぉ〜カズマサかわいそう
以来ずっと気になっていたのだ
よっしゃカズくん！
カズくん？
君《きみ》の出奔の謎《なぞ》を解いてやるかんね！
石川家は数正の祖父《そふ》の代から松平《まつだいら》の重臣《じゅうしん》という家柄《いえがら》であり
数正の母は家康の生母《せいぼ》於大《おだい》の姉《あね》※である
※諸説あり
家康が人質《ひとじち》となった際《さい》には供奉人《ぐぶにん》の筆頭《ひっとう》に選ばれ
若《わか》き主君と苦労《くろう》をともにする
石川伯耆守康昌
数正ののちの名
数正は生《う》まれながらに家康の有力《ゆうりょく》家臣《かしん》たるべく定《さだ》められた男《おとこ》だった
そして彼は周囲《しゅうい》の期待通《きたいどお》りいや期待以上《いじょう》に
家康の優秀《ゆうしゅう》な片腕《かたうで》として成長《せいちょう》していく
だが彼は家柄や縁故《えんこ》のみで出世《しゅっせ》したわけではなかった
家康の主な戦《たたか》いには全て参加《さんか》　常に先陣《せんじん》を承《うけたまわ》り　殿軍《しんがり》も巧《たく》みに指揮《しき》したという
忠誠心《ちゅうせいしん》も比類《ひるい》なく一向一揆《いっこういっき》の際《さい》には門徒《もんと》でありながら家康につき戦った

こんな
エピソードがある――
家康が今川《いまがわ》から
織田方《おだがた》についた頃
人質《ひとじち》として今川にいた
家康の嫡男《ちゃくなん》竹千代《たけちよ》が
生命《せいめい》の危険《きけん》にある
ことを知った数正は
これだけでも十分《じゅうぶん》
大胆決死《だいたんけっし》の行動
なのだが
彼はこれだけで
終わらなかった
若君《わかぎみ》お1人が
処刑《しょけい》される時
供《とも》の者もいない
とは人目にも
さびしくうつり
ましょう……
単身敵地《たんしんてきち》に
乗《の》り込んだ!
駿府に着いた彼は
今川氏真《いまがわうじざね》と交渉《こうしょう》
説得《せっとく》の末
家康の捕《と》えていた
今川の人質と
竹千代との交換《こうかん》を
承諾《しょうだく》させたのだ
幼《おさな》い若君とともに
凱旋《がいせん》した数正を
岡崎の人々《ひとびと》は
熱烈《ねつれつ》に出迎えた
わああ…
「大きな八字髭《はちじひげ》を
ピンと反《そ》らせて
若君を鞍《くら》の前に乗《の》せ
威風堂々《いふうどうどう》と念《ねん》じ原《はら》を
まかり通って
岡崎城に帰ってきた
見事《みごと》さに
これほどの見ものは
またとあるまいと
人々は見物《けんぶつ》した」…
(『三河物語《みかわものがたり》』より)
数正さま
ぶとう!!
KAZUMASA

また彼は名を重んじる武将であった
織田軍の加勢《かせい》のため近江《おうみ》に行った時のこと——
彼は弓矢《ゆみや》の名人《めいじん》の家をわざわざ訪《たず》ね
わあっ
ユガケ（弓矢の時に使う手袋《てぶくろ》）の緒《お》の結《むす》び方《かた》を習《なら》っている
理由をきかれて彼は
自分のは田舎流《いなかりゅう》でして…もし今度の合戦で討《う》ち死《じ》にしたとき
石川数正はユガケの作法も知らないぜ
やはり田舎者だなあ
と人の嘲《あざけ》りを受《う》けたくないですから
と答えたという
また彼は外交官《がいこうかん》としても優秀《ゆうしゅう》で数々の交渉《こうしょう》を成功《せいこう》させた…そんな彼は
三河武士《みかわぶし》の中で唯一国際的視野《こくさいてきしや》を持った人間《にんげん》だった
だがこの才能《さいのう》が
彼のその後の人生《じんせい》を変《か》えることとなる
1583年※彼は豊臣秀吉《とよとみひでよし》との交渉役を任される

※天正11年

ここではじめて
彼は
天下人秀吉の
勢力《せいりょく》を目《ま》の当《あ》たり
にする——
秀吉は数正の
才覚《さいかく》を気に入り
高禄《こうろく》をもって
家臣《かしん》に誘《さそ》って
くるようになる
大名
やがて「小牧《こまき》・長久手《ながくて》
の戦い」が勃発《ぼっぱつ》——
家康と秀吉は
敵対《てきたい》するが
数正は両者の和平《わへい》の
ため奔走《ほんそう》する
大坂《おおさか》の発展《はってん》は著しく
秀吉は全国《ぜんこく》を統一《とういつ》
する勢《いきお》いである
HIDEYOSHI
IEYASU
家康は局地戦《きょくちせん》で勝《か》った
とはいえ両者の
力《ちから》の差《さ》は明白《めいはく》だった
秀吉と戦《いくさ》を
すべきではない!!
すれば全国《ぜんこく》を
相手《あいて》に戦う
ことになる!

しかし家康も
その家臣も
秀吉に臣従《しんじゅう》する気など
さらさらなかった
彼らにとっては
自分《じぶん》の領土《りょうど》と主君が
この世《よ》の全《すべ》てである
尾張の足軽《あしがる》（しかも戦いでは
負《ま》かした相手）に
臣従するなどプライドが
許《ゆる》さない
MIKAWA.
数正が
理《り》をもって
説得《せっとく》するほど
ますます
彼らは頑強《がんきょう》に
抵抗《ていこう》した！
家臣の間《あいだ》に
「数正は秀吉と
内通《ないつう》している」
との噂まで流れる
この噂は秀吉が
数正を寝返《ねがえ》らせる
ため
流したものだ
ともいわれているが
徳川のために
動けば動くほど
彼の忠誠心《ちゅうせいしん》は
疑われ
味方の中で
孤立《こりつ》していった
そして1585年※
11月13日
彼は妻子《さいし》と一族《いちぞく》と
小笠原家《おがさわらけ》の
人質を連れ
自らその噂を
裏《うら》づけるように
秀吉側に走る
※天正13年

忠臣数正がなぜ裏切ったかについては諸説《しょせつ》ある
説その①「あいそをつかした説」
視野《しや》の狭《せま》い三河武士と天下《てんか》を取《と》る望《のぞ》みのない主君《しゅくん》にイヤ気がさし
つきあいきれるかこんな主人《上司》!
オー人事オー人事……と
そこへ来た秀吉からの高禄《こうろく》の引き抜きに応《おう》じたという説
説その②「スパイ説」
実は家康とも諒解《りょうかい》の上噂を巧みに利用して裏切《うらぎ》ったフリをして秀吉にとり入り
まだ兵を動かしてはなりませぬ! まずこちらが腰を低くして情に訴え……
そ そうか……
両者《りょうしゃ》の潤滑油《じゅんかつゆ》となり家康のために働こうとしたのだという説
説その③「返り咲き説」
家康家臣団でも新参者《しんざんもの》である井伊らの台頭《たいとう》で
自らの権限《けんげん》が弱まってきたので
天下リっっ
いったん秀吉の下に走り彼のテコ入れで再び重臣の地位に返り咲こうとした説
その他にも「家康との不仲《ふなか》説」「謀反発覚《むほんはっかく》説」などさなざまあるが
決定的《けっていてき》な動機《どうき》は今もわからない
なぜならその後数正は出奔《しゅっぽん》について何も語《かた》らず
動機《どうき》をうかがわせるような史料《しりょう》も一切《いっさい》ないのだ

※木下藤吉郎（秀吉）のこと。　※箒（ホウキ）と伯耆守（数正の別名）をかけている。

ただ彼ほど思慮深《しりょぶか》く名誉《めいよ》を重《おも》んじた人物があえて裏切るからには
徳川の家に伝わる古箒《ふるほうき》※
今は都の木の下※をはく（落首）
金や地位のためなどではなくよほどの事情《じじょう》があったのだと思う――
出奔後の数正は平凡《へいぼん》な一大名として過ごす
秀吉としても後に和平《わへい》になった家康の手前《てまえ》彼を政治《せいじ》の表《おもて》に出すことはできなかったろうが
秀吉から和泉国《いずみこく》8万石を与えられて奉行職《ぶぎょうしょく》など務め
やがて信濃国《しなのこく》の松本に転封《てんぽう》され松本城の建設《けんせつ》に着手《ちゃくしゅ》
外交官である彼はそれくらい承知《しょうち》の上だったろう
その後 朝鮮出兵《ちょうせんしゅっぺい》に参戦《さんせん》するため九州《きゅうしゅう》に入ったところで病死《びょうし》する
不忠者《ふちゅうもの》の汚名《おめい》をそそぐ機会《きかい》は終《つい》に訪《おとず》れなかった――
徳川家は彼の裏切《うらぎ》りを許《ゆる》さなかった!
関ヶ原《せきがはら》ではついたにもかかわらず徳川に
将軍家《しょうぐんけ》は石川氏を外様《とざま》の豊臣大名《とよとみだいみょう》として扱《あつか》った
1613年※長子《ちょうし》康長《やすなが》は改易されその弟らも所領没収《しょりょうぼっしゅう》
数正の子孫はことごとく没落《ぼつらく》した

※慶長18年

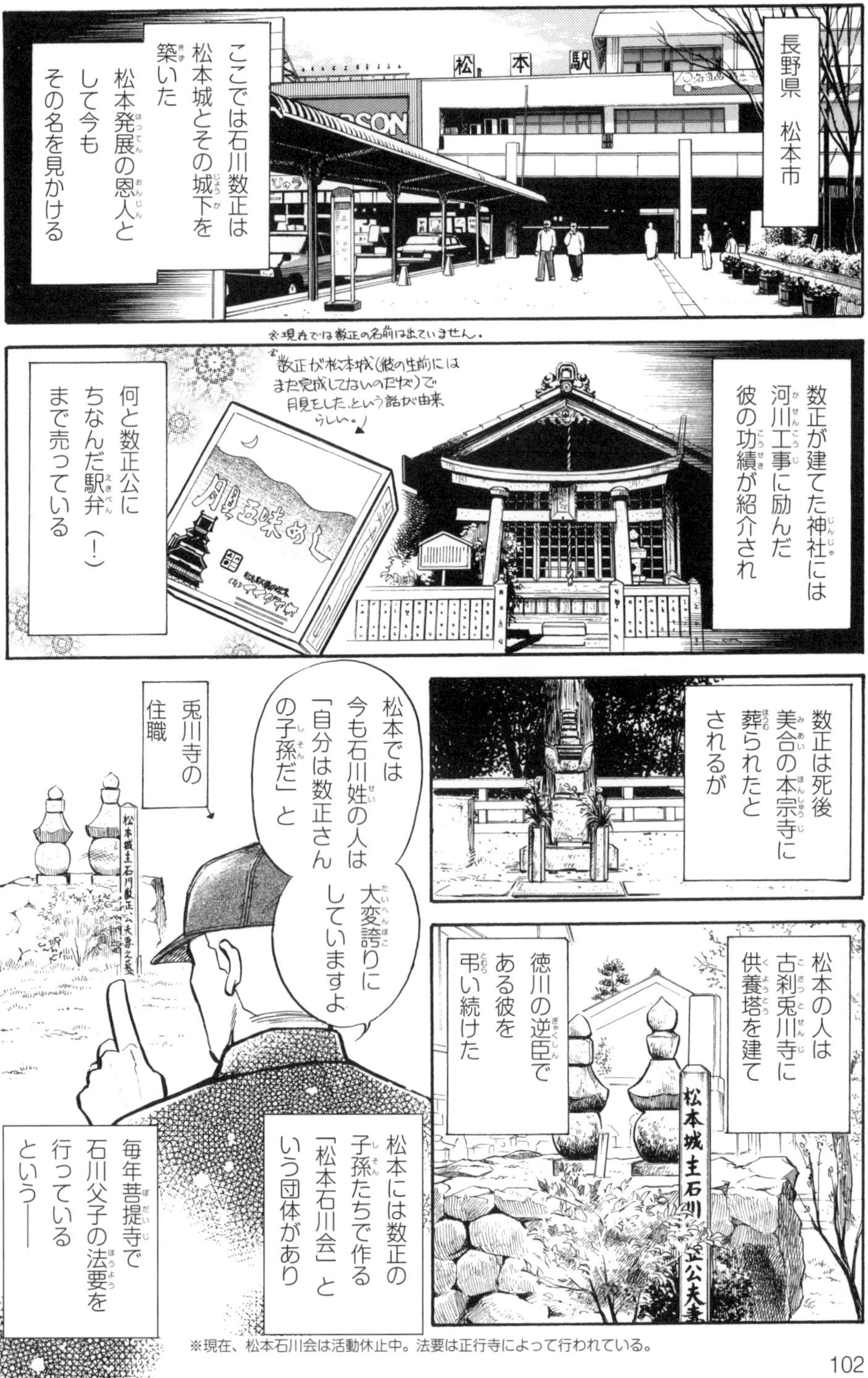

長野県　松本市
松本駅
ここでは石川数正は松本城とその城下《じょうか》を築《きず》いた
松本発展《はってん》の恩人《おんじん》として今もその名を見かける
※現在では数正の名前は出ていません。
数正が建てた神社《じんじゃ》には河川工事《かせんこうじ》に励んだ彼の功績《こうせき》が紹介され
※数正が松本城（彼の生前にはまだ完成してないのだが）で月見をした、という話が由来らしい。
何と数正公にちなんだ駅弁《えきべん》（！）まで売っている
数正は死後美合《みあい》の本宗寺《ほんしゅうじ》に葬《ほうむ》られたとされるが
松本の人は古刹《こさつ》兎川寺《とせんじ》に供養塔《くようとう》を建て
徳川の逆臣《ぎゃくしん》である彼を弔《とむら》い続けた
松本城主石川
兎川寺の住職
松本では今も石川姓《せい》の人は「自分は数正さんの子孫《しそん》だ」と
大変誇《たいへんほこ》りにしていますよ
松本城主石川数正公夫妻之墓
松本には数正の子孫《しそん》たちで作る「松本石川会」という団体があり
毎年菩提寺《ぼだいじ》で石川父子の法要《ほうよう》を行っているという――

※現在、松本石川会は活動休止中。法要は正行寺によって行われている。

忠義者《ちゅうぎもの》は
裏切り者として
歴史に残った
けれど
心血《しんけつ》を注《そそ》いだ
松本城と
城下町《じょうかまち》によって
裏切りとは関係なく
数正の名は残っている
女鳥羽川《めとばがわ》（数正が治水工事をした川）
それはある意味《いみ》で
最も名誉のある
歴史的評価《れきしてきひょうか》なのかも
しれない
名前や名声《めいせい》は
権力者《けんりょくしゃ》によって
記録に残されるが
造《つく》った物《もの》はそこに
暮《く》らす人々《ひとびと》に
よって残《のこ》されるからだ
松本城は
言葉《ことば》なく
消《き》えて行った
彼の
歴史が残していった
ささやかな
“意地《いじ》”
だったのかもしれない
国宝「松本城」
400年間焼亡《しょうぼう》と破却《はきゃく》を
免《まぬが》れた初期の城郭建築《じょうかくけんちく》
1950（昭和25）年から
4年半かけた解体修理《かいたいしゅうり》の
結果「まだ500年は持つ」
と言われている——

《参考文献》「石川数正伝」（佐々木正磨）「信州松本史談」（中嶋次太郎／明倫堂書店）「徳川家臣団〜組織を支えたブレーンたち」（綱淵謙錠／講談社）「家康の臣僚」（中村孝也／碩文社）「家康十六武将」（徳永真一郎／毎日新聞社）「家康名臣伝」（童門冬二／東洋経済新報社）歴史読本「徳川家康と三河武士団」（新人物往来社）「歴史の中の松本城」（松本市／天守築造400年記念）「徳川氏権力構造の形成過程〜石川数正出奔事件をめぐって」（杉浦文崇）

石川数正　その他のエピソード集

秀吉、数正の馬印を所望する

「小牧《こまき》・長久手《ながくて》の戦《たたか》い」で秀吉《ひでよし》と家康《いえやす》が対峙していた時のこと。

数正《かずまさ》は小牧山の本陣にいた。

そこに秀吉から数正へ使いが来た。使いが言うには秀吉は数正の馬印《うまじるし》（このときの数正の馬印は金の馬藺《ばりん》であった）があまりに見事なのでぜひ譲ってほしいという。

特に断る理由もないので数正はその馬印を秀吉の使者に渡した。すると秀吉の使者からお礼にと黄金が届けられた。

数正はさすがに迷い、家康にそれを受けとってもいいかと伺いを立てたが、家康は、「くれるというならもらっておけばよかろう」と特に構わない様子であった。

結局、数正は敵から財を受け取ることをよしとせず黄金を返したが、徳川家中には数正が秀吉に取り込まれているのではないかという疑惑が強まる結果となった。

三方ヶ原の「戦うご家老」

家康が生涯唯一の大敗北を喫した「三《み》方《かた》ケ《が》原《はら》の戦《たたか》い」でのこと。

味方が総崩れになる中、数正は唯一人踏みとどまった。数正は部下を励ましつつ自分は馬から下り、道にどっかと座ると手前に槍《やり》を横たえて敵が来るのを待った。やがて武田軍《たけだぐん》が迫り来ると、次から次へ突いては追い払い、逃げる味方を安全に逃がしたという。

信玄《しんげん》はこの徳川家の武将のことを聞き、この命知らずな男が石川数正という徳川家の家老《かろう》であることを知った。そして彼がこの戦の前にわざわざ土岐の弓矢の名人宅を訪ね、「自分は田舎者、弓矢の正式な作法も知らない。もし今回の戦で討ち死にし、その骸《なきがら》を敵に見られてもても恥ずかしくないように」と弓を射る時に使う手袋（ユガケ）の正式な結び方を習ってきたというエピソード（本編参照）を知った。

「武士のたしなみ、誰でもかくあるべきなり。あっぱれ徳川、弓矢はあなずり悪《にく》し」と、信玄はしきりに感心したという。

豊臣大名石川数正と家康

数正の出奔後、家康と数正が直接会ったという記述はない。しかし間接的に接触を持ったことが一度だけある。

数正の領地松本《まつもと》と毛利氏の領地伊那郡《いなぐん》の間で境界線争いがおこった。

その裁定が京都で行われ、調停役に1日は前田利家《まえだとしいえ》、1日は富田知高、もう1日は家康が当たったという記録がある。

もちろん調停の場には数正本人はおらず家臣数名が出ていたのであるが、豊臣政権の中の一大名同士として2人は何を思ったのであろうか。

石川数正　ゆかりの地

①土呂城址《とろじょうし》（愛知県岡崎市福岡町）

数正が一向一揆終息後に築城したとされる城。現在の御堂山。遺構はなく、碑が建つのみである。すぐ近くには数正が再建したとされる土呂八幡宮がある。かつてはここが本宗寺だった。

数正は一揆で荒廃した土呂の再建に努め、家康の許可を得て土呂に市を開いた。現在でも三と八のつく日には市が開かれている。

②本宗寺《ほんしゅうじ》（愛知県岡崎市美合町）

蓮如《れんにょ》上人によって15世紀に創建された本願寺派の寺院。

一向一揆により家康は一時期本願寺門派を国外に追放したが、数正の叔母妙西尼《みょうさいに》の嘆願によって彼女が寄進した地に再建された。妙西尼の墓の近くに石川数正の墓とされるものがある。岡崎市の指定文化財。絹本著色芳春院妙西尼公像は岡崎市の指定文化財。

③野寺本證寺《のでらほんしょうじ》（愛知県安城市野寺）

石川氏が大檀那《おおだんな》（有力な檀家）を代々務めていた三河三ヵ寺の一つ。

④小川城址《おがわじょうし》（愛知県安城市小川町）

石川数正の先祖、石川政康《まさやす》、康長《やすなが》、春重《はるしげ》の三代の居城址。石川家はもともと下野国の武士で、蓮如上人を護衛するために三河に来た一族といわれている。※

⑤蓮泉寺《れんせんじ》（愛知県安城市小川町）

石川政康の四男康頼（僧名明了）を開祖として建てられた寺院。「石川山」という扁額や屋根瓦の笹竜胆（石川家の家紋）が印象的である。

⑥松本城《まつもとじょう》（長野県松本市丸の内）

石川数正が築城した城郭。国宝。数正は完成を見ずに亡くなり、息子の康長《やすなが》によって完成された。加藤清正《かとうきよまさ》がここを訪れ、熊本城のモデルとしたともいわれる。

※石川氏の出自については諸説あり

⑦鎮神社《しずめじんじゃ》（長野県松本市大手）

松本市内を流れる女鳥羽川《めとばがわ》のほとりに建つ神社。社殿の横の立て札の解説にいわく「松本城主たりし石川数正大いに心を土木に傾け城要害の為、女鳥羽川の流路を変更掘削し水汲より大門沢へ流れしを現在の通り直流させ流水による城下町氾濫の守護神として祭りしを当社の創立と言伝う」

⑧正行寺《しょうぎょうじ》（長野県松本市大手）

松本に入封した数正が自分の菩提寺とした寺。近年まで毎年数正の子孫の人たちで作る「松本石川会」による法要が営まれていたという。

現在、松本石川会は活動休止中で、法要は正行寺によって行われている。

⑨兎川寺《とせんじ》（長野県松本市里山辺）

数正松本入封以前（飛鳥時代）からある格式ある寺院で、本尊は千手観音《せんじゅかんのん》。数正夫妻の供養塔がある。中心地からかなり離れているのでバスかタクシー利用。

戦国《せんごく》を知《し》る一級史料《いっきゅうしりょう》「家忠日記《いえただにっき》」の著者《ちょしゃ》
松平家忠《まつだいらいえただ》

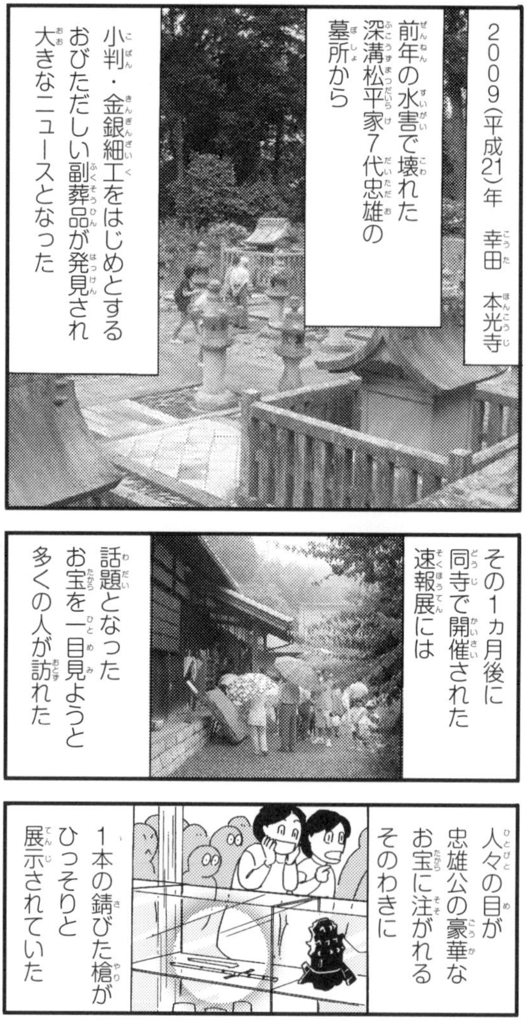

2009(平成21)年　幸田《こうた》　本光寺《ほんこうじ》
前年《ぜんねん》の水害《すいがい》で壊《こわ》れた
深溝松平家《ふこうずまつだいらけ》7代忠雄《だいただお》の
墓所《ぼしょ》から
小判《こばん》・金銀細工《きんぎんざいく》をはじめとする
おびただしい副葬品《ふくそうひん》が発見《はっけん》され
大《おお》きなニュースとなった
その1カ月後に
同寺《どうじ》で開催《かいさい》された
速報展《そくほうてん》には
話題《わだい》となった
お宝《たから》を一目見《ひとめみ》ようと
多《おお》くの人《ひと》が訪《おとず》れた
人々《ひとびと》の目《め》が
忠雄公の豪華《ごうか》な
お宝《たから》に注《そそ》がれる
そのわきに
1本《い》の錆《さ》びた槍《やり》が
ひっそりと
展示《てんじ》されていた
実《じつ》は
この槍《やり》こそ
大名《だいみょう》・深溝松平家にとって
もっとも大切《たいせつ》な
〝宝〟なのである

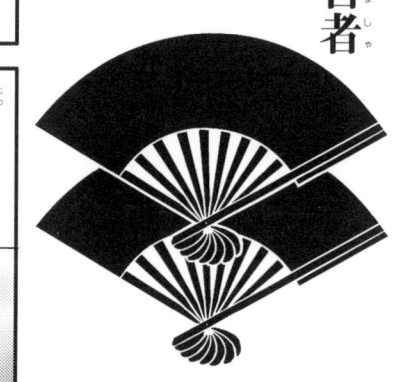

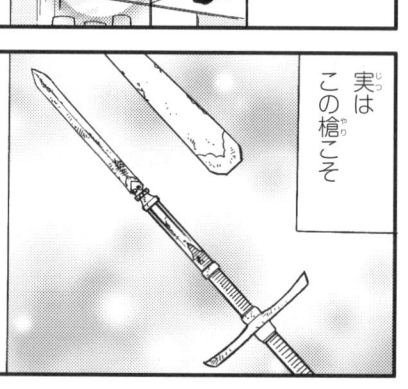

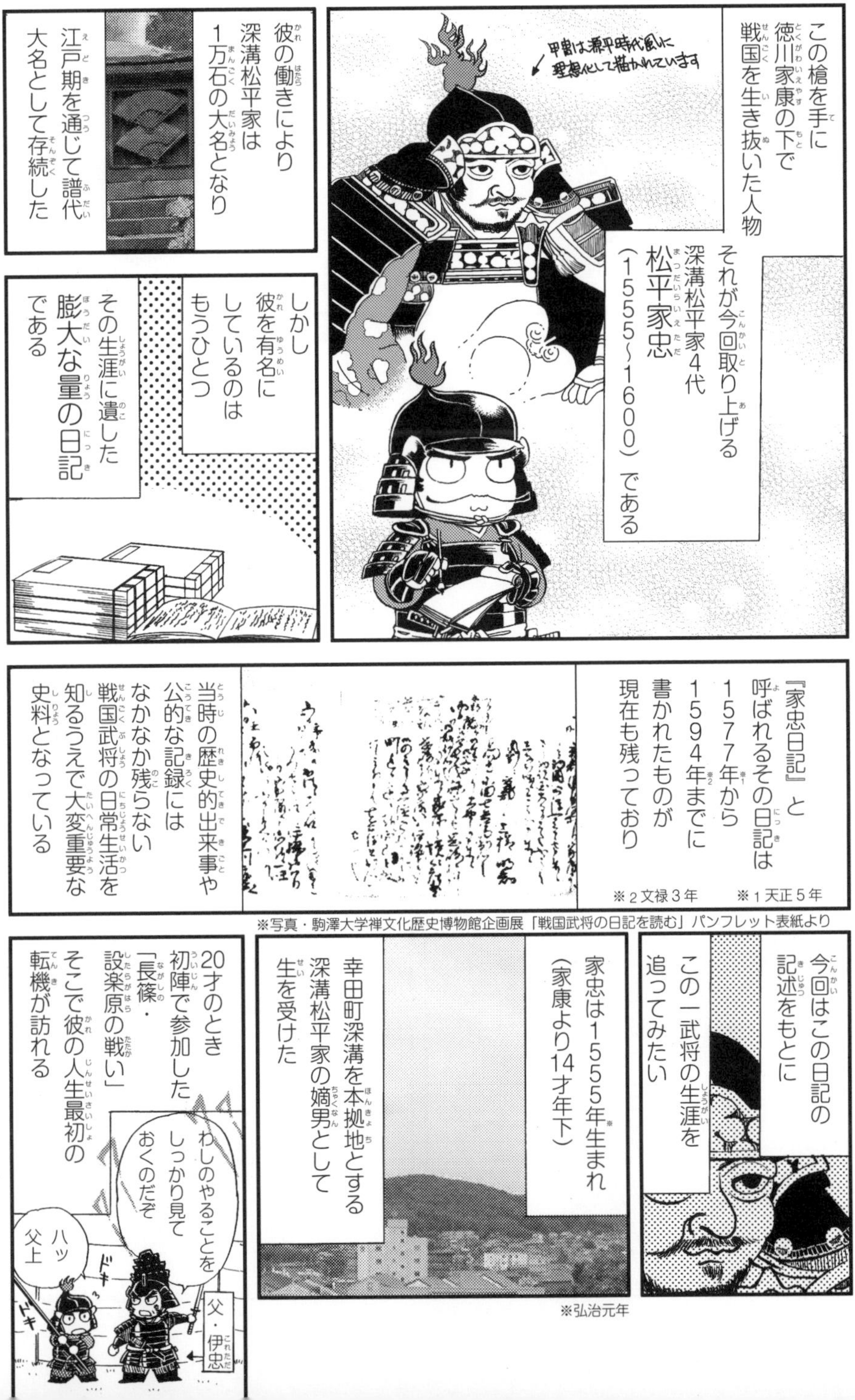
この槍を手《て》に
徳川家康《とくがわいえやす》の下《もと》で
戦国《せんごく》を生《い》き抜《ぬ》いた人物
甲冑は源平時代風に理想化して描かれています
それが今回取《こんかいと》り上《あ》げる
深溝松平家4代
松平家忠《まつだいらいえただ》
(1555〜1600)である
彼《かれ》の働《はたら》きにより
深溝松平家は
1万石《まんごく》の大名《だいみょう》となり
江戸期《えどき》を通《つう》じて譜代《ふだい》
大名として存続《そんぞく》した
しかし
彼《かれ》を有名《ゆうめい》に
しているのは
もうひとつ
その生涯《しょうがい》に遺《のこ》した
膨大《ぼうだい》な量《りょう》の日記《にっき》
である
『家忠日記』と
呼《よ》ばれるその日記《にっき》は
1577年※1から
1594年※2までに
書かれたものが
現在も残っており
※1天正5年
※2文禄3年
当時《とうじ》の歴史的出来事《れきしてきできごと》や
公的《こうてき》な記録《きろく》には
なかなか残《のこ》らない
戦国武将《せんごくぶしょう》の日常生活《にちじょうせいかつ》を
知るうえで大変重要《たいへんじゅうよう》な
史料《しりょう》となっている
※写真・駒澤大学禅文化歴史博物館企画展「戦国武将の日記を読む」パンフレット表紙より
今回《こんかい》はこの日記の
記述《きじゅつ》をもとに
この一武将の生涯《しょうがい》を
追ってみたい
家忠は1555年※生まれ
(家康より14才年下)
幸田町深溝を本拠地《ほんきょち》とする
深溝松平家の嫡男《ちゃくなん》として
生《せい》を受けた
※弘治元年
20才のとき
初陣《ういじん》で参加した
「長篠《ながしの》・
設楽原《したらがはら》の戦《たたか》い」
そこで彼《かれ》の人生最初《じんせいさいしょ》の
転機《てんき》が訪れる
父・伊忠《これただ》
わしのやることを
しっかり見て
おくのだぞ
ドキ
ハッ
父上
ドキー

奇襲作戦《きしゅうさくせん》の最中《さいちゅう》
父伊忠が戦死《せんし》
父上!
一説《いっせつ》によると父は
激戦《げきせん》になるのを予想《よそう》し
わざと息子《むすこ》に別行動《べつこうどう》を
とらせたのだという
家忠はただ1回《かい》の戦《いくさ》を
経験《けいけん》しただけで
……!
深溝松平家当主《とうしゅ》として
一族郎党《いちぞくろうとう》を率《ひき》いていかねば
ならなくなった
最強《さいきょう》と謳《うた》われた
武田軍《たけだぐん》が大敗し
先日《せんじつ》まで
お元気《げんき》だった
父上もまた…
人《ひと》の世《よ》とはなんと
はかないものか
「家忠日記」は
このころから
書《か》き始《はじ》められたと
いわれている
家忠の生まれた
深溝松平家は松平初代
親氏《ちかうじ》を祖《そ》とする
松平氏の分家《ぶんけ》の一つで
親氏—泰親—信光
忠景（五井→深溝）
家忠（4代のち）
親忠（安城）
家康（5代のち）
代々《だいだい》深溝の地《ち》に根付《ねづ》き
独自《どくじ》に領土《りょうど》を広《ひろ》げていった
一族《いちぞく》である
平穏《へいおん》な時代《じだい》であれば
家忠も一地方領主《いちちほうりょうしゅ》
として
この地《ち》から
出《で》ることもなく一生《いっしょう》を
終《お》えたことだろう
しかし時代《じだい》は
戦国末期《せんごくまっき》
日本《にほん》が天下統一《てんかとういつ》に
向《む》けて大《おお》きく動《うご》いて
いったこの時代
家忠が深溝松平家と
家臣《かしん》たちを守《まも》って
いくためには
家康の一武将《いちぶしょう》となって
命懸《いのちが》けの忠誠《ちゅうせい》を
見《み》せねばならなかった

そしてその日々《ひび》を
家忠は淡々《たんたん》と
記録《きろく》していった
家忠は家康の出陣《しゅつじん》する
ほとんどの戦に
参加《さんか》しているが
…
日記には華《はな》やかな
武将《ぶしょう》たちの活躍《かつやく》は
記《しる》されていない
その代わり後世《こうせい》の歴史《れきし》には
決《けっ》して残《のこ》らない戦場《せんじょう》での
〝日常生活〟を
淡々《たんたん》と書《か》いている
敵の攪乱部隊が
出たことを知らせる
狼煙が上がり出陣したが、
間違いだとわかり帰陣した。
後にそれは
鳥居元忠の同心が野に火を
放ったことが原因だとわかり、
彼らは成敗された。
※天正10年
また家忠《いえただ》は
家康《いえやす》の家臣《かしん》として
当時《とうじ》起きたさまざまな
事件《じけん》にも直接間接《ちょくせつかんせつ》に
遭遇《そうぐう》している
1582年※「本能寺《ほんのうじ》の変《へん》」を
領国《りょうごく》深溝の地《ち》で聞《き》いた
家忠の日記（意訳《いやく》）
（初瓜が 安部三郎 殿から 届いた）
京都にて上様に明智日向守が
謀反を起こし上様は御生害
なさったと親戚より
報告があった。
信長のことが事実だと
岡崎・緒川から言ってきた。
家康は堺に滞在しておられた
そうだが岡崎に帰還
されるらしい。
一行は伊勢を出て
大浜へ上陸した
というので町
までお迎えに行った。
※緊急事態を告げる記述の欄外にその日もらった初瓜のことも書かれている→
1585年※
石川数正出奔《いしかわかずまさしゅっぽん》の
ときには
深夜、
石川伯耆守が
上方へ退いたと
一報が入り、
すぐに岡崎に
馳せ参じた。
伯耆（数正）は
尾張に女房衆らと
ともに行った
らしい。
岡崎にはどの国衆より私が先に到着した。
※天正13年
1586年※
大政所《おおまんどころ》が旭姫《あさひひめ》を訪《たず》ねて
岡崎城《おかざきじょう》を訪問《ほうもん》した際《さい》には
深夜本多作左衛門から
大政所の出迎えを命ぜられ
夜中に岡崎に行き、知立で
出迎えた。
カクン
※天正14年

また家康から他《ほか》の大名への引《ひ》き出物《でもの》を調達《ちょうたつ》するのも家忠らの仕事《しごと》で
×
¥
日記には品物《しなもの》の品質《ひんしつ》を何度《なんど》もチェックされダメ出《だ》しされたことが書かれている
さらに家忠らにとって大《おお》きな負担《ふたん》となったのは城《しろ》や河川《かせん》工事などの普請《ふしん》であった
日記にあるだけでも浜松城《はままつじょう》、岡崎城《おかざきじょう》、遠江横須賀城《とおとうみよこすかじょう》、相良城《さがらじょう》、長久保《ながくぼ》、駿府屋敷《すんぷやしき》、牧野城《まきのじょう》、大仏殿用木材調達《だいぶつでんようもくざいちょうたつ》、富士《ふじ》川船橋《がわふなばし》、吉原茶屋《よしわらぢゃや》、江戸城《えどじょう》、伊豆《いず》山《さん》での木挽《こび》き、伏見城《ふしみじょう》、淀川堤《よどがわづつみ》、槙島堤《まきしまづつみ》…
それらの費用《ひよう》はすべて自己負担《じこふたん》で
そのため家忠は知人《ちじん》に借金《しゃっきん》をしてはその延滞《えんたい》を頼《たの》んでいる
ときには
あの…普請は今日《きょう》からだと聞《き》いたんですが
ああ
他《ほか》の方々《かたがた》が来《こ》られてないので今日《きょう》は中止《ちゅうし》になりました
家忠殿《いえただどの》はまじめですなあ
……
ポツ――――ン…
日当下さい
こんなことも
トンテン
カンテン
エッホ エッホ
あくせく
あくせく
おかしいのう今日は殿とご子息《しそく》が泊りがけでこちらに鷹狩《たかが》りに来られるはずなのに…
ああ、先ほど鷹狩りは中止になったと家康様からご使者が…
御泊所
なにっ
ソワ
ソワ
ソワ
…こんなときも
家忠は出来事だけを淡々《たんたん》と日記につづっていった…
……

常《つね》に死《し》が身近《みぢか》にある
戦国の世にあっても
家忠は
いつの時代《じだい》も変《か》わらない
日常の暮《く》らしをやはり淡々と
書き残している
深溝では鷹狩りや魚《さかな》獲《と》り、
茶《ちゃ》摘《つ》みを見《み》に行ったこと
などが記され
戦《いくさ》のないときは
田舎《いなか》の領主《りょうしゅ》の生活《せいかつ》を
楽《たの》しんでいる姿《すがた》が
うかがえる
息子《むすこ》の誕生《たんじょう》を祝《いわ》い
娘《むすめ》の病気《びょうき》を心配《しんぱい》し
関東《かんとう》の領地《りょうち》に移《うつ》った後《あと》に
はるばる訪《たず》ねてきた
深溝の僧侶《そうりょ》や民《たみ》と
旧交《きゅうこう》を温《あたた》めたり…と
淡々とした記述《きじゅつ》のなかにも
家族《かぞく》や友人《ゆうじん》に囲《かこ》まれた
人間《にんげん》家忠の姿《すがた》がうかがえる
さらに都《みやこ》からやってきた旅人《たびびと》や
僧侶《そうりょ》のもたらす珍《めずら》しい話《はなし》
こんなかなー
他《ほか》の徳川家臣たちと
交《か》わされる
多《おお》くの進物《しんもつ》のこと
振《ふ》る舞《ま》い（接待《せったい》）の
ようす
趣味《しゅみ》の連歌《れんが》や
当時《とうじ》流行《はや》っていた
茶《ちゃ》の湯《ゆ》のこと
当時琵琶湖で人魚が獲れたという
噂を聞いた家忠が想像して描いた
日本初の「人魚図」→
「続史料大成・家忠日記」より

やがて家康の
関東移封《いほう》にともない
家忠も深溝をはなれ
忍城《おしじょう》1万石《まんごく》の主《あるじ》となった
ときに36才
のちに上代《かじろ》、
小見川《おみがわ》に
転封《てんぽう》
おし
ふこうず
1592年※正月《しょうがつ》
主殿助《とのものすけ》に名《な》を替《か》えた
※天正20年
「又八郎《またはちろう》」という通《とお》り名《な》では
大名《だいみょう》として貫禄《かんろく》がないという
ことで家忠は家康から改名《かいめい》の
許可《きょか》をもらっている
OK
この日《ひ》家忠は名実《めいじつ》ともに
大名になったことが
よほど嬉《うれ》しかったらしく
江戸城で
肩衣を脱ぎ
着ているものを
脱ぎ扇を投げた。
…と珍《めず》しく破目《はめ》をはずして
喜《よろこ》んでいる
その後《ご》も
江戸城に続《つづ》き
伏見城《ふしみじょう》の
普請《ふしん》のため
たびたび
上京《じょうきょう》するなど
深溝松平家の苦《くる》しい
財政《ざいせい》は続《つづ》いていたが
も〜やだ〜
京《きょう》ではかねてより
憧《あこが》れていた
カリスマ連歌師《れんがし》
里村紹巴《さとむらじょうは》と対面《たいめん》
したりもしている
ドキドキドキ
うちの父上《ちちうえ》も
家康様のため
いろいろ苦労《くろう》
なさってきたが
天下《てんか》も
安定《あんてい》して
きたこと
だし
これでやっと平穏《へいおん》な
日々を過《す》ごして
いただけそうだのう
はっ
長男・忠利
そして
家忠日記は
このあたりで
終わっている
※散逸している
可能性あり

家忠《いえただ》のその後《ご》の人生《じんせい》を
史書《ししょ》の記述《きじゅつ》によって
見《み》てみよう
1599年※
家忠は鳥居元忠らとともに
伏見城の守備《しゅび》を
命《めい》ぜられるが
家康はやがて手勢《てぜい》を率《ひき》いて
上杉討伐《うえすぎとうばつ》に向《む》かい
伏見城は敵中《てきちゅう》に孤立《こりつ》する
形《かたち》となった

※慶長4年

石田勢《いしだぜい》がもし
決起《けっき》したらこの城《しろ》は
真《ま》っ先《さき》に敵《てき》の標的《ひょうてき》に
なってしまいます
家康様は
敵を決起させる
ために
この城を捨て殺しに
なさるおつもりです※
………

※近年では三成の挙兵は家康の予想外の出来事で、捨て殺しにしたわけではないといわれている。

家忠は
深溝松平家に代々《だいだい》伝《つた》わる
源《みなもとの》為朝《ためとも》の矢《や》じりを熔《と》かして
造《つく》ったとされる槍《やり》を
家臣《かしん》の一人《ひとり》に託《たく》した
よいか
この槍を戦火《せんか》の中で
失《うしな》ったとあっては
ご先祖様《せんぞさま》に面目《めんもく》が
立《た》たぬ
領国《りょうごく》にいる
息子《むすこ》にこれを
届《とど》けてくれぬか
……ははっ
………

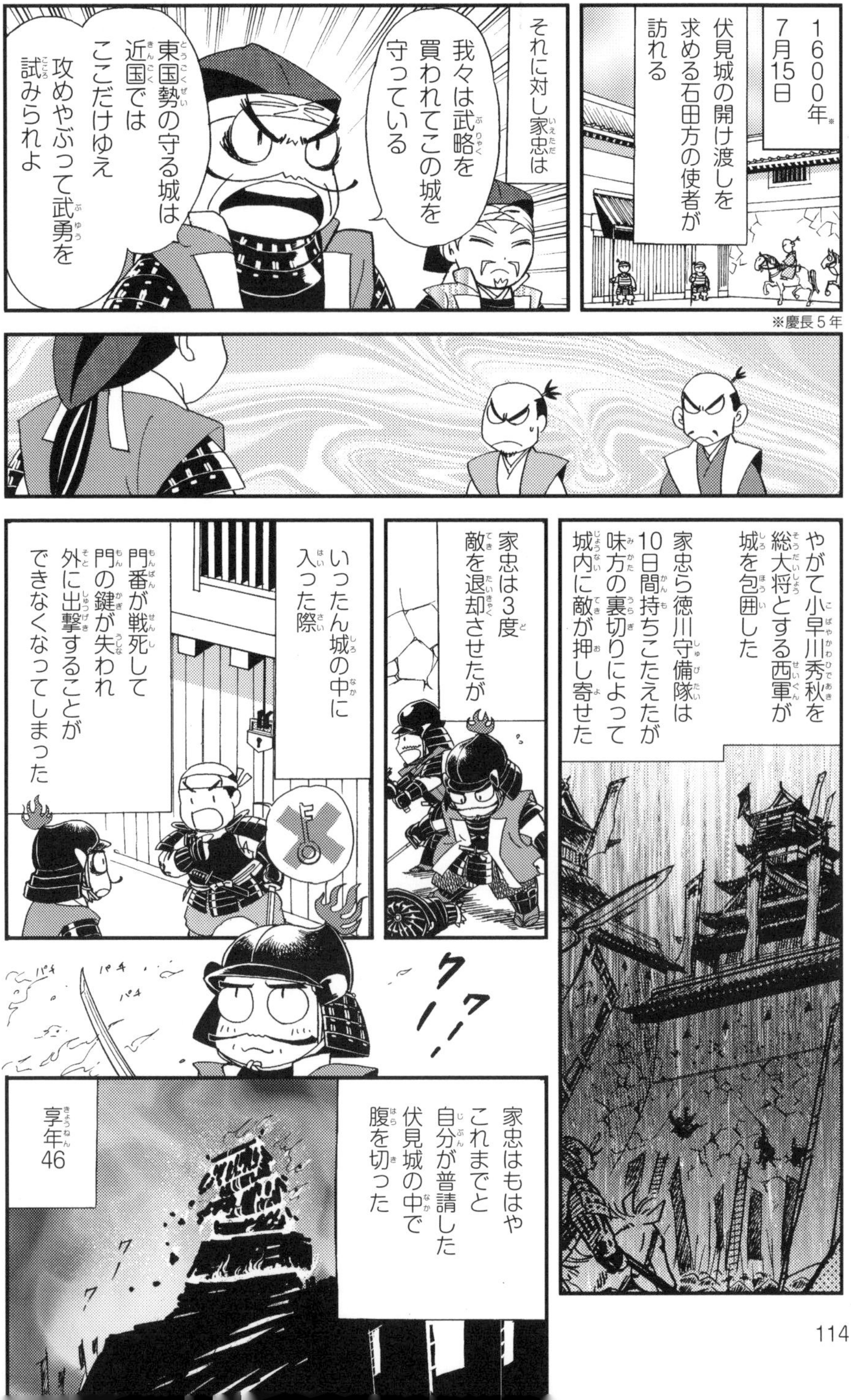
1600年※
7月15日
伏見城の開け渡しを
求める石田方の使者が
訪れる
それに対し家忠《いえただ》は
我々は武略《ぶりゃく》を買われてこの城を守っている
東国勢《とうごくぜい》の守る城は近国《きんごく》ではここだけゆえ攻めやぶって武勇《ぶゆう》を試《こころ》みられよ
※慶長5年
やがて小早川秀秋《こばやかわひであき》を総大将《そうだいしょう》とする西軍《せいぐん》が城《しろ》を包囲《ほうい》した
家忠ら徳川守備隊《しゅびたい》は10日間持《かんも》ちこたえたが味方《みかた》の裏切《うらぎ》りによって城内《じょうない》に敵《てき》が押《お》し寄《よ》せた
家忠は3度《ど》敵《てき》を退却《たいきゃく》させたが
いったん城《しろ》の中《なか》に入《はい》った際《さい》
門番《もんばん》が戦死《せんし》して門《もん》の鍵《かぎ》が失《うしな》われ外《そと》に出撃《しゅつげき》することができなくなってしまった
パチ
パチ
パチ
家忠はもはやこれまでと自分《じぶん》が普請《ふしん》した伏見城の中《なか》で腹《はら》を切《き》った
享年《きょうねん》46

関ヶ原ののち
家忠の跡《あと》を継《つ》いだ息子《むすこ》の忠利《ただとし》に対《たい》し
常陸《ひたち》国への加増《かぞう》が申《もう》し渡《わた》された
……
我《われ》らの先祖《せんぞ》が眠《ねむ》るのは深溝の地《ち》
加増《かぞう》はいりませぬゆえ
どうかそちらをいただきたく
家康の特別《とくべつ》の配慮《はいりょ》により
忠利には深溝1万石が与《あた》えられた
深溝松平家はその後吉田《ごよしだ》・刈谷《かりや》・福知山《ふくちやま》・島原《しまばら》・宇都宮《うつのみや》・島原《しまばら》と幾度《いくど》も転封を重《かさ》ねたが
代々《だいだい》の領主《りょうしゅ》は死《し》ぬと海《うみ》と山《やま》を越《こ》え
家忠が生まれ育った
深溝の地《ち》に葬《ほうむ》られることになったのである
松平家忠…彼《かれ》は決《けっ》して天才軍略家《てんさいぐんりゃくか》でも一騎当千《いっきとうせん》の猛将《もうしょう》でもなかった
しかし
家康《いえやす》に天下《てんか》を取《と》らせ260年の泰平《たいへい》の世《よ》の礎《いしずえ》となったのは
不器用《ぶきよう》なまでに愚直《ぐちょく》に家康《いえやす》に仕《つか》えそして死《し》んでいった
彼《かれ》のように素朴《そぼく》で生真面目《きまじめ》な幾多《いくた》の三河武士《みかわぶし》たちであった
深溝本光寺西御廟所
右から初代忠定・２代好景・３代伊忠・４代家忠公墓所

≪参考文献≫「続史料大成・家忠日記」（臨川書店）「寛政重修諸家譜」「松平家忠日記」（盛本昌広／角川書店） 企画展「戦国武将の日記を読む」（駒澤大学禅文化歴史博物館編／パンフレット） 講演会「戦国武将の日記を読む～深溝松平氏と『家忠日記』」（久保田昌希／レジュメ） 調査概要報告「深溝松平家墓所」（本光寺） 文化振興展「深溝本光寺は墳墓の地なり」（幸田町教育委員会／パンフレット） 講演会「深溝松平家墓所について」（赤羽一郎／レジュメ） 協力：幸田町教育委員会 神取龍生様

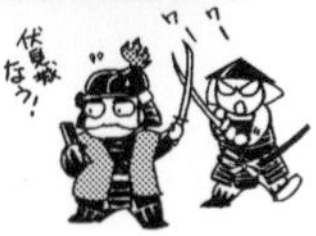
伏見城なう?!

松平家忠　その他のエピソード集

発掘されたお宝

2008（平成20）年8月の集中豪雨で浸水、墓石が傾いたことから行われた発掘調査で、家忠の子孫で深溝松平7代当主の松平忠雄《まつだいらただお》（1673～1736年）の墓所から慶長小判《けいちょうこばん》を含む小判43枚他豪華な副葬品が見つかり話題となった。

その内訳は、木棺内《もっかんない》が飾太刀一振《かざりたちひとふ》り・太刀二振り・石帯《せきたい》一本・千鏡一面・メガネ一個・金属椀一客《きんぞくわんいっきゃく》、慶長を含む小判43枚・享保《きょうほう》・正徳《しょうとく》を含む一分金117枚。木棺外がグラス（1599の銘入り）一客・蒔絵印籠《まきえいんろう》（根付・締め玉付き）6セット・蒔絵化粧道具箱一式・飾り太刀一振り・香道具一式（香炉・火道具・香木など）・タバコ道具（煙管・灰落とし）・メガネ一個・陶磁器二客・銀製ポットと銚子などとなっている。

松平忠雄は長崎《ながさき》に近い島原《しまばら》の当主であったためか、出土品を見ると、64才で他界した人物の身の周りの品物にしてはハイカラなものもあり、かなりの趣味人であったことがうかがえる。

なお、埋葬されていた忠雄は朝廷から官位を授かった武家の正装である衣冠《いかん》束帯《そくたい》に太刀を佩いた姿であったという。

流行にも気を遣い…

がんこをもってなる三河武士たちであるが、「家忠日記」によると意外に上方《かみがた》の流行を意識していたようだ。

「家忠日記」には「本能寺《ほんのうじ》の変《へん》」の直前に家康とともに安土《あづち》に上洛中の酒井忠次《さかいただつぐ》（家忠の直接の上司）から送られてきた手紙には「西国では足軽の旗指物は「撓《しない》」が主流である（から我が軍でも改めよ）」とある。「撓」とはよくしなる竹に縦長の旗をつけたもので、当時三河ではまだ昔ながらの大きな旗指物《はたさしもの》を使っていた。

家康は帰国したら西国に出陣することが決まっており、その時三河者が笑われないようにとあわてて手紙を送ったと思われる。もっともこの直後に「本能寺の変」が起こり旗指物どころではなくなってしまうのだが…。

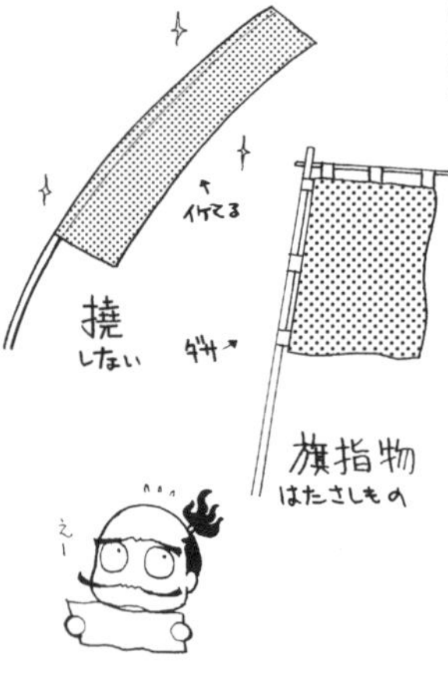

松平家忠　ゆかりの地

①本光寺《ほんこうじ》（愛知県額田郡幸田町深溝）

「家忠日記」にもたびたび登場する深溝《ふこうず》松平家《まつだいらけ》の菩提寺。家忠は月に何度もここを訪れ、住職と話をしたという。当時の寺の役割を髣髴《ほうふつ》とさせる話である。

境内には家忠ら初期の当主の墓の他、大名となった深溝松平家の立派な墓所がある。なお現在ではあじさい寺として知られ、毎年6月に行われるあじさい祭りには多くの見物客でにぎわう。

②浄土寺《じょうどじ》（愛知県額田郡幸田町大草）

「家忠日記」でも家忠が度々訪れたという記述がある天台宗の寺。本堂には鎌倉時代作の木造薬師如来坐像《もくぞうやくしにょらいざぞう》、木造十二神将立像《もくぞうじゅうにしんしょうりゅうぞう》、平安末期作のヒノキ製の邪鬼像《じゃきぞう》など、文化財が多い。

③三光院《さんこういん》（愛知県額田郡幸田町深溝）

本光寺の近くにある寺。家忠も何度か訪れている。

日記の1591（天正19）年10月13日の項には忍城《おしじょう》にいた家忠のもとにはるばる三《さん》光院《こういん》の僧侶意玉（家忠とは連歌をした仲）が訪ねてきたという記述がある。

④深溝城址《ふこうずじょうし》（愛知県額田郡幸田町深溝）

深溝松平家初代忠定《たださだ》～5代忠利《ただとも》が城主となった城。4代家忠の時家康の関東移封で忍城・上代城《かじろじょう》に移るが五代忠利の代に深溝に戻る。1615年廃城。現在では工場用地となっている。

⑤島原本光寺《しまばらほんこうじ》（長崎県島原市本光寺町）

島原氏の「丸尾城《まるおじょう》」の跡に創建《そうけん》された、大名深溝松平家の菩提寺。松平家墓地、十六羅漢窟などの他、山門は創建当時のもので、島原では最古の建物。

⑥忍城址《おしじょうし》（埼玉県行田市本丸）

小説「のぼうの城」で一躍有名になった成田氏《なりたし》築城の城。北条《ほうじょう》氏康《うじやす》、上杉《うえすぎ》謙信《けんしん》らの攻撃を退け、秀吉の小田原攻めに伴う包囲網にも持ちこたえた。

家忠は落城後にこの城に入り、上代城《かじろ》に転封されるまでの間、この城の城主となる松平忠吉《ただよし》（家康の四男）に明け渡すべく城の普請などを行った。現在では城内の構造物はほとんどが撤去され、模擬櫓《もぎやぐら》が建てられている。

⑦伏見城址《ふしみじょうし》（京都府京都市伏見区）

豊臣秀吉によって築城された城。松平家忠も普請を受け持ち、この城で討ち死にした。現在本丸跡は明治天皇陵《めいじてんのうりょう》となっており、一般人の立ち入りは制限されている。

また伏見城花畑跡には1964（昭和39）年に遊園地「伏見桃山城キャッスルランド」が建設され、園内には鉄筋コンクリートの模擬天守が造られたものの、現在は閉園となり、建物だけが残されている。

「槍半蔵《やりはんぞう》」と謳《うた》われた殿軍《しんがり》の猛将《もうしょう》

渡邉守綱《わたなべもりつな》

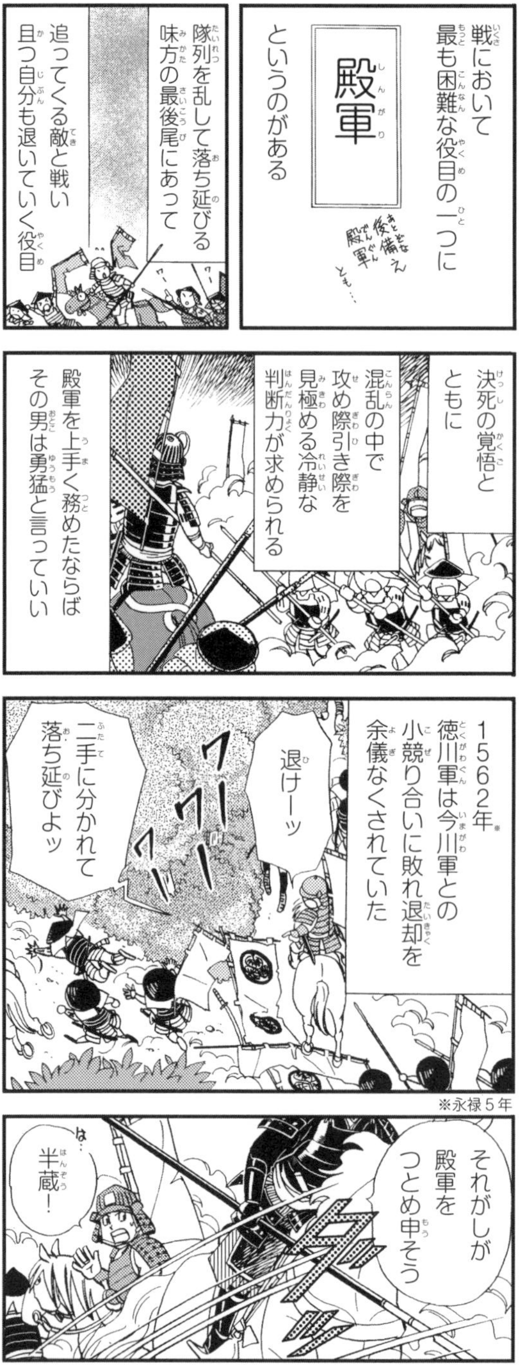
戦《いくさ》において
最《もっと》も困難《こんなん》な役目《やくめ》の一《ひと》つに
殿軍《しんがり》
というのがある
後備《あとぞなえ》 殿軍《でんぐん》とも…
隊列《たいれつ》を乱して落《お》ち延《の》びる
味方《みかた》の最後尾《さいこうび》にあって
追ってくる敵《てき》と戦い
且《か》つ自分《じぶん》も退いていく役目《やくめ》
ワー
ワー
決死《けっし》の覚悟《かくご》と
ともに
混乱《こんらん》の中で
攻《せ》め際《ぎわ》引《ひ》き際《ぎわ》を
見極《みきわ》める冷静《れいせい》な
判断力《はんだんりょく》が求められる
殿軍を上手《うま》く務《つと》めたならば
その男《おとこ》は勇猛《ゆうもう》と言っていい
1562年※
徳川軍《とくがわぐん》は今川軍《いまがわぐん》との
小競《こぜ》り合いに敗れ退却《たいきゃく》を
余儀《よぎ》なくされていた
退《ひ》けーッ
ワーワーワー
二手《ふたて》に分かれて
落《お》ち延《の》びよッ
それがしが
殿軍を
つとめ申《もう》そう
は…
半蔵《はんぞう》!

※永禄5年

半蔵と呼ばれたその若者《わかもの》は
逃《に》げる味方《みかた》の最後尾《さいこうび》にたち
馬を返すこと10度
敵と槍を
合わすこと
3度
さらに
負傷《ふしょう》して味方からも
見捨《みす》てられていた
兵を肩にかついで
追いすがる敵《てき》を
蹴散《けち》らしつつ帰《かえ》って
きたのだった
でかしたぞ
半蔵！
わあっ
よく
やった！
後で調べてみると
二手《ふたて》に分かれた
味方のうち一方《いっぽう》は
多くの死傷者《ししょうしゃ》を出したが
……
この若者が殿軍を
務めた方に死傷者は
ほとんどいなかったという
皆《みな》これから
あの者を
「槍半蔵《やりはんぞう》」と
呼ぶがよい！
若き主　家康も
この若者の活躍を
激賞《げきしょう》した…が
松平元康
（後の徳川家康）
…この多少《たしょう》
ふてぶてしい感じのする
若者が今回《こんかい》の主人公《しゅじんこう》
70代
20代
「槍半蔵」こと
渡邉半蔵守綱《わたなべはんぞうもりつな》
（1542〜1620）
である
ほめて
あげたのに…
殿がそんな
ことを？
全く困った
お人じゃな
？
もし他の奴らが
俺《おれ》の真似を
したらどうする
あれは俺だから
できたのであって
普通《ふつう》の人間がやったら
間違《まちが》いなく死ぬから
やめたほうがいいぜ
お　おい
半蔵…

守綱は碧海郡浦部村《あおみぐんうらべ》
（今の岡崎市国正町《おかざきしくにまさちょう》）に
生まれた
先祖は鬼退治《おにたいじ》で有名な
源 頼光《みなもとのよりみつ》の家来渡邉綱《わたなべのつな》と
言われるが定《さだ》かではない
戦国時代《せんごくじだい》このあたりは
天水場《てんすいば》と呼ばれる西三河《にしみかわ》でも
特《とく》に貧《まず》しい地域で
人々は干《かん》ばつ・水害《すいがい》・そして
相次《あいつ》ぐ戦に苦《くる》しめられていた
そんななか人々《ひとびと》が
救いを求めたのが
当時三河一帯の
民衆の間に広まって
いた一向宗《いっこうしゅう》であった
守綱も郷士《ごうし》の子として
そんな人たちを見ながら
熱心《ねっしん》な一向宗の門徒《もんと》として
育っていったのであろう
※2実際は反家康勢力と家康側との戦いであった。
1563年※1
「三河一揆」が勃発《ぼっぱつ》
※1永禄6年
主君を取るか
仏を取るか※2
徳川家臣団《とくがわかしんだん》は家康側と
門徒側の二つに分かれて
争うこととなった
守綱は父高綱《ちちたかつな》とともに
一向宗側につき
家康に敵対《てきたい》した
だが…
父上！
父は戦死《せんし》
かつて「槍半蔵」と
称《たた》えられた男は
父をかついで
ひたすら逃げた

半年に及ぶ激しい戦いの末守綱ら一揆側は家康に降伏するための条件《じょうけん》を提示した
降伏条件
・一揆側の参加者の土地を没収しない
・一揆の首謀者を処刑しない
・一揆側の寺・僧侶は元のままにする
はちや
家康軍本陣
ザワ
ザワ
この要求《ようきゅう》をすべて飲めというのか
一揆側の首謀者《しゅぼうしゃ》を殺すなだと…何という虫のいい要求だ！
主君の恩は現世限りのもの仏の恩は未来永劫…
降伏条件が容れられなければ仏のために死んで極楽往生するまでだ！
……
家康は守綱たちを赦《ゆる》した
条件どおり守綱には渡邊家の所領《しょりょう》１００貫《かん》を返し
後日さらに30貫の土地を与え
今までどおり譜代《ふだい》家臣として家康に仕《つか》えることを許《ゆる》したのだった
守綱がこの家康の寛大《かんだい》な措置《そち》に感激《かんげき》したのは言うまでもない
以後　守綱は家康のために獅子奮迅《ししふんじん》の働《はたら》きをするのである

しかしそれは
極楽浄土《ごくらくじょうど》とはほど遠《とお》い
家康の苦難《くなん》の人生《じんせい》をともに
歩むことでもあった
厭離穢土欣求浄土
1570年※
越前《えちぜん》　金ケ崎《かねがさき》
敵に囲まれたと
知った信長《のぶなが》は
自軍《じぐん》だけ退却《たいきゃく》
?
家康軍は敵の真《ま》ん中《なか》に
置《お》き去《ざ》りにされ自力《じりき》で
脱出《だっしゅつ》せざるをえなく
なってしまった
※元亀元年
その退却戦《たいきゃくせん》の殿軍を
務《つと》めたのが
守綱であった
同僚《どうりょう》で弓《ゆみ》の名手《めいしゅ》である
内藤正成《ないとうまさなり》とともに
敵の進軍を防ぎ
味方《みかた》を無事《ぶじ》逃《に》がした
三方ケ原《みかたがはら》の
敗戦《はいせん》においても
守綱はやはり
殿軍にいた
最後尾にいた石川数正《いしかわかずまさ》を
助けつつ城まで送り届け
退いては城の
玄黙口《げんもくぐち》を守った
「長久手《ながくて》の戦い」では
敗走する先陣部隊《せんじんぶたい》に
飛び入り追ってくる
敵兵《てきへい》をかく乱《らん》
槍の穂先《ほさき》が折れたので
太刀《たち》で戦《たたか》い ついに
敗勢《はいせい》を逆転《ぎゃくてん》させた

守綱はしかし
剛勇《ごうゆう》の者という
だけではなかった
戦場にあっても
常《つね》に冷静《れいせい》な判断を
下すことができた
「三方ヶ原の戦い」に先立ち
敵の勢いが強すぎる野戦《やせん》になっては我が軍の負けだ
彼の忠告《ちゅうこく》は聞き入れられなかったが
もし守綱のこの意見に諸将《しょしょう》が耳《みみ》を傾《かたむ》けていたら戦況《せんきょう》は変わっていたかもしれない
「駿河《するが》田中城攻《たなかじょうぜ》め」では敵前《てきぜん》において味方をまとめ
無事退却《ぶじたいきゃく》せしめた…などなど
数えきれない戦功《せんこう》を立てる
どうせ殿からもらった生命《いのち》だ…!
武田信玄《たけだしんげん》をして「剛勇《ごうゆう》とは上杉《うえすぎ》と徳川」と言わしめた三河勢　守綱はその典型《てんけい》ともいえる武士であった
守綱は常《つね》に最前線《さいぜんせん》で戦い
何度《なんど》も手傷《てきず》を負った
「長篠《ながしの》・設楽原《したらがはら》の戦い」では先手を承《うけたまわ》って戦い負傷し
「天方城攻《あまがたじょうぜ》め」でも先鋒《せんぽう》に進み銃創《じゅうそう》を負ってなお力戦《りきせん》した
しかし
彼の軍功《ぐんこう》はなかなか報《むく》われなかった
家康の勢力が強大《きょうだい》になっていくにつれ槍働《やりばたら》きだけではもはや出世《しゅっせ》できない時代になっていた
大軍《たいぐん》を指揮《しき》したり行政能力《ぎょうせいのうりょく》に優《すぐ》れた同僚《どうりょう》・後輩《こうはい》が次々《つぎつぎ》と大名に出世していくなか
彼は59才まで足軽頭《あしがるがしら》のままであった

あの
足軽頭は…
ああ
あれは
槍の半蔵で
ござるよ
そういえば
昔そんな者が
おりましたなぁ
…
1600年※
家康は上杉討伐《うえすぎとうばつ》
のため大坂城《おおさかじょう》
西《にし》の丸《まる》で軍議《ぐんぎ》を
開いた
※慶長５年
錚々《そうそう》たる諸大名《しょだいみょう》が
居並《いなら》ぶ軍議《ぐんぎ》の席に
守綱も
列席《れっせき》していた
半蔵
近《ちこ》う
これを
そなたに
やろう
それは当時《とうじ》まだ
珍しかった
南蛮鎧《なんばんよろい》であった
オォ
ナウ…
!
こ このような
立派《りっぱ》な甲冑を
それがしに…?
そなたは長年
よう働いて
くれとる
これを着て
若返《わかがえ》った気持ちで
仕事に励め
SFや…
カァァァァ…
喜んでる
喜んでる
…守綱もよほど
この贈《おく》り物《もの》が
嬉《うれ》しかったのか
この
「鳩胸《はとむね》の甲冑《かっちゅう》」を着《き》た
自画像《じがぞう》を絵師《えし》に描《か》かせている
渡邊様の
キャラに
合わないっすよ
その鎧…
ノブナガ公とかが
着るヤツでしょ
えーい
うるさいっ

「関ヶ原の戦い」の後
守綱はやっと7千石
騎馬同心30人の
長となりようやく
足軽頭から出世した
家康はしかし
金品《きんぴん》で報《むく》いる
ところこそ
少なかったが
守綱の力量《りきりょう》を
高く評価《ひょうか》していた
1613年※
守綱は家康の第九子
義直《よしなお》付きの尾張藩家老《おわりはんかろう》に
任命《にんめい》され
えっ
一気《いっき》に
1万4千石に
出世した
※慶長18年
尾張《おわり》は上方《かみがた》への
備《そな》えとなる
重要拠点《じゅうようきょてん》である
尾張三家老
・成瀬
・竹腰
・渡邉
守綱は長年《ながねん》の
実戦経験《じっせんけいけん》を買われ
有事《ゆうじ》の際には尾張藩《おわりはん》
47万石の軍を指揮《しき》する
大役《たいやく》を任されたのである
所領《しょりょう》の寺部《てらべ》に入った
守綱は善政《ぜんせい》を布《し》いた
住民《じゅうみん》とともに
堤防《ていぼう》を整備《せいび》し
城下町《じょうかまち》を整え
自分は小さな陣屋《じんや》を
住居《じゅうきょ》とした
守綱が赴任《ふにん》すると
それまで領内に
散発《さんぱつ》していた一揆《いっき》は
影《かげ》をひそめたという
ま
全く…
殿は
困《こま》った
お人じゃ
こんな年寄《としよ》りに
そのような大役《たいやく》を
…！
根っからの
武人《ぶじん》であった守綱
その人となりを
知る史料《しりょう》は
極《きわ》めて少ないが
彼が一生涯《いっしょうがい》
信奉《しんぽう》した一向宗
（浄土真宗《じょうどしんしゅう》）
その僧《そう》が記した
書物の中に
守綱らしき
人物のことを
記した一文《いちぶん》がある
妙好人伝

「尾州渡邉半蔵殿《びしゅうわたなべはんぞうどの》」
という人物は
仏の前では身分の差はない
という真宗の教えを忠実に守り
寺の本堂《ほんどう》の中では
家内の者・家来《けらい》・女中《じょちゅう》・出入りの
町人たちと一緒になって読経《どきょう》した
それは鬼のような者でも涙《なみだ》を
流さずにおれないような
心温《こころあたた》まる光景《こうけい》だったという
ある日それを聞いた
主君（尾張大納言《だいなごん》）は
渡邉め…熱心な
門徒だと評判だが
どーせ陰では
戒律《かいりつ》を破って
おるだろう
ひとつ
試してやれ
ナゴヤ巻き
他の家老《かろう》たちとともに
彼を呼び出し食事《しょくじ》を
ふるまった
さあ
食《く》って
くれ
その日は親鸞聖人《しんらんしょうにん》の
祥月命日《しょうつきめいにち》（立ち日）であり
……
どうした
半蔵
めしばかり
食ってないで
魚も食え
ぱく
ぱく
門徒は魚肉《ぎょにく》を
食《た》べてはならない
日であった
おそれながら
かくかく
しかじか…
何だと？
わしがせっかく
そなたのために
用意した膳《ぜん》だぞ
は…
命令じゃ
食え！
それはどうか
御勘弁を…
わしは
主君だぞ
親鸞とわしと
どっちが大切だ
食え！
殿！
渡邉殿は…
シッ
スッ…

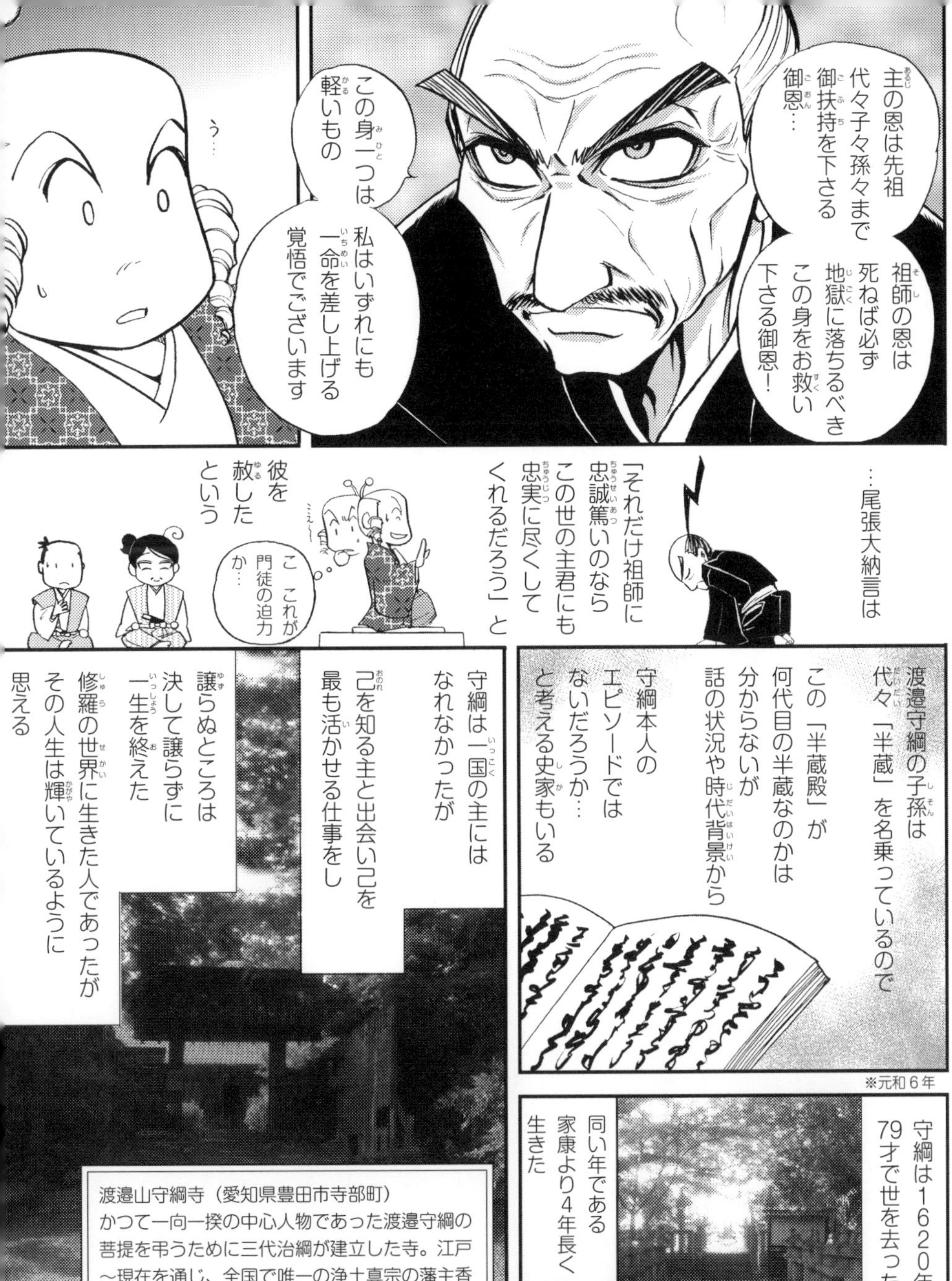
主《あるじ》の恩は先祖代々子々孫々まで御扶持《ごふち》を下さる御恩《ごおん》…
祖師《そし》の恩は死ねば必ず地獄《じごく》に落ちるべきこの身をお救《すく》い下さる御恩！
この身《み》一《ひと》つは軽《かる》いもの
私はいずれにも一命《いちめい》を差し上げる覚悟でございます
う…
…尾張大納言は
「それだけ祖師に忠誠篤《ちゅうせいあつ》いのならこの世の主君にも忠実《ちゅうじつ》に尽くしてくれるだろう」と
彼を赦《ゆる》したという
こ これが門徒の迫力か…
渡邉守綱の子孫《しそん》は代々《だいだい》「半蔵」を名乗っているので
この「半蔵殿」が何代目の半蔵なのかは分からないが話の状況や時代背景《じだいはいけい》から
守綱本人のエピソードではないだろうか…
と考える史家《しか》もいる
※元和6年
守綱は一国《いっこく》の主にはなれなかったが
己《おのれ》を知る主と出会い己を最も活《い》かせる仕事をし
譲《ゆず》らぬところは決して譲らずに一生《いっしょう》を終《お》えた
修羅《しゅら》の世界《せかい》に生きた人であったがその人生は輝《かがや》いているように思える
守綱は1620年※79才で世を去った
同い年である家康より4年長く生きた
渡邉山守綱寺（愛知県豊田市寺部町）
かつて一向一揆の中心人物であった渡邉守綱の菩提を弔うために三代治綱が建立した寺。江戸～現在を通じ、全国で唯一の浄土真宗の藩主香華寺（菩提寺）である。

≪参考文献≫「寛政重修諸家譜」「常山紀談」「妙好人伝」「渡邉半蔵家家譜」「藩翰譜」「改正三河後風土記」「豊田市古城と人物伝」（高岡小一／児嶌出版）「豊田市史」「新編岡崎市史」「豊田市郷土資料館収蔵品図録」「家康十六神将」（徳永真一郎／毎日新聞社）「歴史と旅・特集家康と十六神将」（秋田書店）　ＴＶ番組「刻の遺産・槍の半蔵渡邉守綱」（ひまわりネットワーク）協力／守綱寺

南蛮渡来のあいぱっどじゃ
ムムムムム

渡邉守綱　その他のエピソード集

命を助けられた守綱

守綱がまだ若かったころの話。ある合戦でのこと。敵を深追いしようとする守綱を蜂屋貞次《はちやさだつぐ》という者が制止した。
「これ以上深追いすると危ないぞ!」
しかし守綱は、
「自分に手柄を取らせまいとあんなことを言っているのだ」
と思い、蜂屋の言うことを聞かず敵中へ突っ込んでいってしまったのである。
しかし多勢に無勢、守綱はたちまち追い詰められ、殺されそうになる。しかし、そこに蜂屋が現れ、彼を救った。多分それ以来守綱は蜂屋に頭が上がらなくなったのであろう。
次の年守綱は一族あげて一揆側についたが、蜂屋が一揆側にいたことも大きかったのかもしれない。
そんな蜂屋は「吉田城《よしだじょう》の戦い」であっけなく戦死する。享年26。一方、守綱は蜂屋の3倍以上の79才まで生き永らえた。

強力な助っ人・守綱

掛川城《かけがわじょう》攻めでのこと。今川軍《いまがわぐん》は城を守るため、海から徳川軍《とくがわぐん》を挟撃《きょうげき》しようとしていた。
そこで家康は榊原康政《さかきばらやすまさ》、大須賀康高《おおすがやすたか》、鳥居元忠《とりいもとただ》（いずれも家康軍の主力である旗本先手役）に命じてこれを迎撃しようとした。
そのとき、
「そうじゃ、こいつを連れていけ」
といって投入されたのが守綱である。
守綱はたちまち船中に乗り込み敵兵7人を突き伏せる大活躍をしたのであった。守綱がいかに頼りにされていたかがわかるエピソードである。

守綱の意外な撤退法

「田中城攻《たなかじょうぜ》め」にて。敵味方の先鋒がにらみ合いになり動けなくなった。家康は守綱と政綱《まさつな》（弟）を召し出し、
「これではどうしようもない。味方の兵をおさめて帰らせよ」
と命じた。
守綱らはただちに先陣に馳せていき退却…ではなくて一斉に進軍（!-）。意外な行動に思わず道を開いてしまう敵。渡辺兄弟はそれに乗じ、士卒をまとめて悠々と帰ってきたのであった…。

渡邉守綱　ゆかりの地

①浦部城址《うらべじょうし》（愛知県岡崎市国正町）

守綱はここで生まれ育ったとされる。現在は民家になっており、城の面影はない。

本編にあったように戦国時代までこのあたりは灌漑設備がなく、人々は貧しい暮らしを強いられていたという。戦国末期に占部用水が開削され、現在では広大な田園風景が広がる。なお、現在でもこの一帯には渡辺姓が多い。

②勝鬘寺《しょうまんじ》（愛知県岡崎市針崎）

守綱が一向一揆の時に蜂屋貞次らとともに立てこもった寺。本堂左の墓地の中に、一揆で負傷しこの寺で息を引き取った守綱の父・高綱の碑が建っている。

③守綱寺《しゅこうじ》（愛知県豊田市寺部町）

守綱の死後二十三回忌の時に守綱の孫治《はる》綱《つな》によって建てられた渡辺家の菩提寺。守綱はじめ歴代当主の位牌・墓がある。本堂は伏見城の建物を移築したと言われ、堂内の唐獅子のレリーフや天女の絵など寺らしからぬ装飾がかつて伏見城の軍評定所として使われていた名残をとどめている。

④随応院《ずおういん》（愛知県豊田市寺部町）

守綱の妻（平岩親吉《ひらいわちかよし》の姉妹）はじめ歴代渡辺家当主の正妻たちの墓地がある。現在では蓮の寺としても知られ、7月下旬にはいろいろな種類の蓮の花が咲き乱れる。

⑤寺部城址《てらべじょうし》（愛知県豊田市寺部町）

寺部城は家康の初陣の地であり、晩年尾張の家老に任命された守綱が赴任し、そこに陣屋（城と違い、防衛機能のない領主の屋敷。行政、居住の役割のみを持っていた）を建てた。現在は公園になっており、屋敷や蔵の土台が残っている。

守綱は陣屋《じんや》の東に家臣たちの屋敷を、南側を中心に町人屋敷《ちょうにんやしき》を作るなど、この地で城下町的な町づくりを行った。また、守綱、その息子重綱《しげつな》は寺部村の矢作川《やはぎがわ》沿いで家臣たちに新田開発をさせ、3代目治綱《はるつな》の時代にこれを家臣から取り上げ百姓に渡した。

⑥守綱神社《もりつなじんじゃ》（愛知県豊田市寺部町）

名前の通り守綱ほか歴代当主を祭神として祀っている神社。寺部城址の南西に位置する。

⑦鞍ヶ池《くらがいけ》（愛知県豊田市矢並町）

守綱の息子重綱が農業用に掘った人工池。池が完成した時、視察に訪れた重綱が「この池の主となれ」と言って自分の馬の鞍を投げ入れたことからこの名がついた。現在、池の周囲はファミリー向けの施設が整った公園として整備されている。

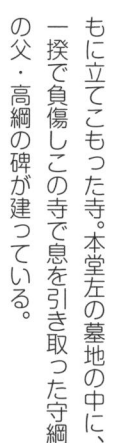

尾張《おわり》徳川《とくがわ》氏《し》の基礎《きそ》を創《つく》った家康《いえやす》の側近《そっきん》

平岩親吉《ひらいわちかよし》

ある日
秀吉《ひでよし》が家康の家臣《かしん》たちに
歳末《さいまつ》の祝儀《しゅうぎ》として
黄金《おうごん》100枚を与《あた》えた
ことがあった
徳川殿の所は 人材豊富《じんざいほうふ》で いいのう
誰かワシの 家臣になって くれんかのう
本多忠勝《ほんだただかつ》と
井伊直政《いいなおまさ》は家康に
告《つ》げずそのまま
受《う》け取《と》り
榊原康政《さかきばらやすまさ》は
一応《いちおう》家康の許可《きょか》を
得《え》てから受け取った
しかし
ただ独《ひと》り…
わたしは 徳川家に 奉公《ほうこう》する身
食《く》うにも 困《こま》っては おりませぬ ゆえ
お断《ことわ》り いたします!
…この
真っ正直《しょうじき》な男が
今回の主人公…

平岩主計頭親吉《ひらいわかずえのかみちかよし》
（1542~1612）
家康の幼馴染《おさななじみ》であり
生涯《しょうがい》家康の手足《てあし》となって
働《はたら》いた男である
逆三角形な
顔型がちょっと
にてるかも…？
平岩氏は
南北朝期《なんぼくちょうき》から額田郡《ぬかたぐん》
坂崎《さかざき》に住む一族《いちぞく》で
もとは弓削《ゆげ》氏を
名乗《なの》っていたが
平岩
屋敷《やしき》の近《ちか》くに大《おお》きく
平《ひら》たい岩《いわ》があったため
平岩を家号《やごう》としたという
親吉はこの
平岩家の
6代目だが
ある史書《ししょ》は彼の
こんな生い立ちを
伝えている
親吉（幼名七之助《しちのすけ》）は
早くに生母《せいぼ》を亡《な》くし
その次に来た継母《けいぼ》は
彼を疎《うと》んじたため※
岡崎の信光明寺《しんこうみょうじ》に預けられ
ていたところを松平広忠《まつだいらひろただ》
（家康の父）に見出《みいだ》され
嫡子《きんじ》竹千代《たけちよ》（家康）の
近侍とするため
引《ひ》き取られた…という

※現在では俗説とされている。

6才※で竹千代《たけちよ》（家康）に
近侍《きんじ》
家康が尾張《おわり》に人質として
行くときも随行《ずいこう》した

小姓《こしょう》たちの中でも
特に平岩親吉と
鳥居元忠《とりいもとただ》の2人は
家康と年が近《ちか》い
こともあり
ともに学《まな》び遊《あそ》ぶ
友達《ともだち》のような
仲だったという

※俗説では11才。

やがて桶狭間《おけはざま》で
今川義元《いまがわよしもと》が討《う》たれると
家康は今川と
手を切り独立《どくりつ》し
人質生活《ひとじちせいかつ》より
脱出《だっしゅつ》した
だが…
よ
ようございましたな～
新しい国主《こくしゅ》となった
家康の前に大きな試練《しれん》が
立《た》ちはだかった
1563年※に
勃発《ぼっぱつ》した
「三河一揆《みかわいっき》」である
親吉は家康とともに
日々《ひび》一揆の鎮圧《ちんあつ》に
向かったが…
こらーっ！
とっ
殿…！
ちっ
殿に槍は
向けられん
わ…！

※永禄6年

大丈夫《だいじょうぶ》か七之助!
もったいない…
何のこれしき大丈夫です
幼《おさな》いころから苦楽《くらく》を共《とも》にしてきた家康・親吉は
家族《かぞく》以上の強《つよ》いきずなで結《むす》ばれていた
家康を常に第一に考える親吉の人となりを物語《ものがた》るエピソードがある
まだ身分《みぶん》が低かった榊原康政《さかきばらやすまさ》が親吉の弟（康長《やすなが》）と口論《こうろん》となり康政が彼にケガを負わせる事件《じけん》があった
あっ兄上〜！アイツが俺にケガを負わせたんですッ
なに…
ピパー
あ兄上
立派な若者《わかもの》じゃないか
そもそも武士のくせに人に斬られるお前が悪い
親吉は当時すでに家康の側近《そっきん》で重要な地位にいたが「我が弟は所詮《しょせん》人に斬《き》られる程度の者だが康政は大器《たいき》必ず殿のお役に立つ人材になるであろう」と
弟を自宅《じたく》に押《お》し込《こ》め康政を上層部《じょうそうぶ》に推薦《すいせん》
果たしてその通り康政は徳川四天王《とくがわしてんのう》の1人として家康の覇業《はぎょう》に大きく貢献《こうけん》するのである

※実際には信康の切腹は家康と家臣の決定によるもので、信長の命令ではなかったことがわかっている。

やがて家康は遠江国《とおとうみ》に進出
そのとき岡崎に残していく長男信康《のぶやす》の傅役《もりやく》（教育係《きょういくがかり》）に親吉を任命《にんめい》した
家康がいかに親吉のことを信頼《しんらい》していたかがうかがえる
ところがその9年後…
浜松城―
何と…織田殿が
信康様が武田と内通《ないつう》していると言ってきたのか
馬鹿な！
そればかりか数々の御乱行をあげつらい
信康君は徳川の後継ぎにふさわしくないゆえ
即刻処分《そっこくしょぶん》※されるがよいと…！
殿！
ガラッ
親吉
信康様には罪はありません
しかし…このようなことになったのは傅役である私の責任《せきにん》
どうか私の首を刎《は》ね織田殿へ差出《さしだ》され信康様の助命嘆願《じょめいたんがん》を…！
バカ者ー！

信康は無実《むじつ》かもしれん…が
この乱世に織田殿の機嫌《きげん》を損《そこ》ねたら他《ほか》に誰を頼めばいいのだ…
それに我が子かわいさに重臣の首を刎ねたなどこのわしが笑《わら》われよう
お前の気持《きも》ちは忘《わす》れぬが…切腹《せっぷく》は絶対許《ぜったいゆる》さん
申《もう》し訳《わけ》ありませぬ
申し訳ありませぬ殿――!
その年の9月15日
信康は幽閉先《ゆうへいさき》の二俣城《ふたまたじょう》で
切腹《せっぷく》して果《は》てたのである
享年《きょうねん》23
親吉はその責《せめ》を負い自宅に幽居《ゆうきょ》
3ヶ月後
家康の再三《さいさん》の命令により
ようやく出仕したという
復帰《ふっき》した親吉は
家康に付き従い武田滅亡後《めつぼうご》の各地を転戦《てんせん》した
その功により甲府城代《こうふじょうだい》に就任《しゅうにん》(1万3千石)
人心《じんしん》いまだ徳川になびかない新しい領土《りょうど》の統治《とうち》を任《まか》されここで行政官《ぎょうせいかん》としての経験《けいけん》を積《つ》む
またこのとき信玄《しんげん》が制定《せいてい》したという「甲州軍法《こうしゅうぐんぽう》」を家康の命令《めいれい》で国中から収集している
これは後に徳川の軍制《ぐんせい》を一新《いっしん》するときに手本《てほん》となった

親吉には子がなかった
そこで家康は自分の第八子仙千代《せんちよ》を
平岩家の後継《あとつ》ぎとして親吉の養子《ようし》に与えた
ととさま
60才を前に待望《たいぼう》の後継《あとつ》ぎを得た親吉の喜びはひとしおで
遠方《えんぽう》から仙千代を気遣《きづか》う親吉の書状《しょじょう》が今も残されている
ところが
お仙千代様——!
1600年※2月——
あろうことか
親吉のもとへやってきてわずか1年で
仙千代は短い一生を終えてしまったのである
享年《きょうねん》6
またこの年の8月1日
人質時代以来苦楽《くらく》を共にした鳥居元忠も伏見城で壮烈《そうれつ》な戦死《せんし》を遂《と》げる
…私は元忠のように華々《はなばな》しくは散《ち》れない
殿の大切なお子を2人も預かりながらお2人とも死なせてしまうとは
何という不忠者《ふちゅうもの》じゃ…!

※慶長5年

…わしは
生まれつき家族の縁が薄いのかもしれん
もう後継ぎなどいらぬ平岩の家などわしの代で絶《た》えてもいい
ただ殿《との》の理想《りそう》のために生きて生き抜いていこう
……それで
いいではないか…
しかし
家康は三度《みたび》我が子を親吉に託《たく》した
家康の第九子義直《よしなお》(仙千代の同母弟《どうぼてい》)が甲州25万石に封《ほう》ぜられると
!
親吉は再び傅役を命ぜられた
その後義直が尾張清洲《きよす》42万石に封ぜられると
親吉には犬山《いぬやま》9万3千石が与えられた
これは
昔の犬山城は二階建て
幼少《ようしょう》の義直が成長《せいちょう》するまでの間に
新しい国《くに》尾張の基礎《きそ》を作り上げよという壮大《そうだい》な使命《しめい》でもあった
尾張
ドーン

尾張は
西国大名《さいごくだいみょう》と大坂《おおさか》への
押《お》さえであり
有事《ゆうじ》の際には前線基地《ぜんせんきち》
となる拠点《きょてん》である
ガンバレー
江戸
尾張
大坂
その体制《たいせい》作りは
早急《さっきゅう》の課題《かだい》であった
66才の親吉は
単身尾張に入り
新事業《しんじぎょう》に次々と
着手《ちゃくしゅ》していく
家臣団《かしんだん》の再編《さいへん》
名古屋城《なごやじょう》の築城《ちくじょう》…
それは他大名《ただいみょう》のように
自分の子供に
継《つ》がせるためではなく
自分の死後《しご》
すべてを義直に
引き渡すためであった
ある日
幼い義直が建設途中の
名古屋城を視察に
訪れたとき
親吉は自分の部下を
引き連れ忠誠を
誓わせている
よいか
よく心得よ
わしの死後
この方が
そなたらの
主となるお方だ
ハハーッ
うん
ありがとう
平岩のじい
久しいな
1612年※12月30日
前年完成《ぜんねんかんせい》した
ばかりの名古屋城で
親吉は死んだ
最後《さいご》まで隠居《いんきょ》もせず
先頭《せんとう》に立ち政務《せいむ》を
執《と》り続《つづ》けていた

※慶長17年

その4年後 家康の死とともに
義直は新国主《しんこくしゅ》として 名古屋城に入ったが
親吉が育て上げた 家臣団《かしんだん》は
すでに何のとどこおりもなく 大国尾張を機能《きのう》させて いたのだった
岡崎市《おかざきし》 妙源寺《みょうげんじ》――
三河最古の 真宗道場《しんしゅうどうじょう》があった 由緒あるこの寺には 松平～徳川の草創期《そうそうき》を 彩った多くの三河武士《みかわぶし》 が眠《ねむ》っている
最も人目《ひとめ》を引くのは紀州《きしゅう》 徳川家の付家老《つけがろう》になった 安藤家《あんどうけ》の歴代墓所《れきだいぼしょ》で
御三家《ごさんけ》付家老の 権力《けんりょく》の大きさを 今に伝えている
そこから少し離れた ところに
平岩親吉の墓が 1基《き》だけ ぽつんと建っている
家康の最も 近いところに いた男は はるか遠い尾張の地で 主君を支えた後
彼にとっての「家族《かぞく》」と 青春《せいしゅん》を過ごしたこの地で 今も眠っているのだった

≪参考文献≫「寛政重修諸家譜」「改正三河後風土記」「名将言行録」「塩尻」「参河志」「犬山市史」「新編岡崎市史」「矢作町史」「家康の臣僚(武将編)」(中村孝也／碩文社)「家康十六武将」(徳永真一郎／毎日新聞社)「徳川義直家臣団形成についての考察(二)～平岩主計頭親吉を中心として」(跡部佳子／金鯱叢書第二輯)「徳川義直家臣団形成についての考察(三)～新史料による平岩親吉の研究」(跡部佳子／金鯱叢書第三輯)

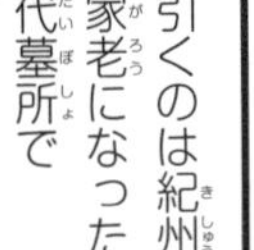
お仙千代さま…

平岩親吉　その他のエピソード集

意外と細かい性格だった

1975（昭和50）年、親吉の家老であった佐枝家の家から大量の平岩親吉関係の文書が発見され、それまで知ることができなかった親吉の人間的側面がわかってきた。その一例をご紹介すると…。

事務的なことをあれこれ指示した文書。

一、この地に貸し長屋《ながや》を造成するので助蔵（大工の棟梁か）に若い番匠を三人ほどつけて早めにこさせよ。助蔵が忙しかったら他の者に。

一、鍛冶奉行《かじぶぎょう》には喜左衛門を任命せよ。

一、今朝府中の畑に出たらタケノコが川際へも多く出ていた。竹の子奉行をやって刈り取らせるように。

一、アユをいつも獲ってくる作右衛門からはもちろん、領地に遣わした鵜飼いの所からもアユを受け取り早飛脚で届けさせるように。

一、大工の善助を城にいる他の大工たちにも手伝わせよ…

甲斐《かい》から清洲《きよす》転封《てんぽう》当時のバタバタした時期のことかと思われるが、親吉の几帳面な性格が見てとれる。

「家忠日記《いえただにっき》」を見ても分かるとおり、当時の支配層はおそらくこんなこまごました領地経営の才能も必要だったのだろう。

そして仕事を次々とこなしながら命ぜられた普請《ふしん》もして、ときどき戦争も行って…というかんじだったのではあるまいか。

つらい役目も…

親吉は家康の伯父・水野信元《みずののぶもと》を暗殺した。信長から家康に殺害依頼があり、家康はその任務を石川数正《いしかわかずまさ》と平岩親吉に託した。

数正が信元を大樹寺《だいじゅじ》から連れ出したところを親吉が殺害。親吉は顔見知りだった信元をかき抱き、

「主命によりやむをえなかったのです」

と泣いたという…

家康にとって数正と親吉の二人は汚れ役をも頼める真に信頼できる家臣だったのだ。

家康からのアドバイス

家康が親吉を甲府城代《こうふじょうだい》に命じたとき、新領土の経営についてこんなことを言った。

「およそ国を治めるには国人※に近づかなければ何も知ることができないものだ。『沙汰《さた》』という言葉があるが、この二文字は小石《こいし》と砂《すな》と土とが入り混じって分けることができないが、水で揺り動かして洗えば土が流れて小石が出てくるという意味だ。良いことも悪いことも、見えなければ洗う方法がない。もし国人の不正が発覚したとしても、主君に害をなさない程度の事ならば見逃してやるように」

と言ったという。そして甲州の人間を召し抱え、彼らを「沙汰を聞くための役」とし、「専ら国中の動静を報告せよ」と彼らに命じたという。

※その国に昔から住んでいる人

平岩親吉　ゆかりの地

①平岩《ひらいわ》の射割石《いわりいし》（愛知県幸田町坂崎）

本編でも紹介したように平岩姓の由来は親吉の数代前の先祖が家の前に大きく平たい岩があったことから付けたものだった。

その岩といわれるものが親吉の生まれ故郷坂崎《さかざき》に近い場所にある。

②甲府城《こうふじょう》（山梨県甲府市丸の内）

甲府駅を降りてすぐにある城址。堂々とした石垣が見もの。武田氏滅亡後、親吉が城代となる。現在残る城址は親吉と、その後城主となった豊臣系大名によって築城されたもの。

③厩橋城址《まやばしじょうし》（群馬県前橋市大手町）

関東移封《かんとういほう》後、家康が親吉に与えた城。3万3千石。甲斐・厩橋城主の期間中身に付けた行政スキルが、後に尾張藩の基礎を築くのに役だった。

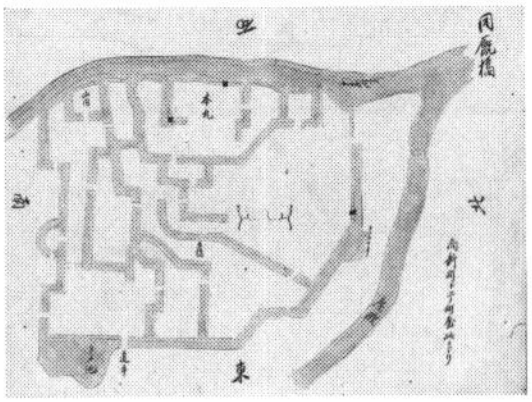

④犬山城《いぬやまじょう》（愛知県犬山市北古券）

現在国宝に指定されている5つの天守建築のうち最古のもの。親吉が義直の傅役となるにあたり、家康から与えられた城。9万3千石。

⑤名古屋城《なごやじょう》（愛知県名古屋市中区本丸）

親吉が最晩年に家康の命を受けて建てた城。わずか半年でおおよそ完成していた、驚異的な早さでできた城として知られている。

親吉はこの城の二の丸で生活し、死んだのもその一室であった。それを聞いた家康は、「自分の所領のある犬山に行って死ねばよかったものを」と言って不機嫌になったという。

既に天下人となった家康には、臣下と主君と線引きの意識が強烈に芽生えていたのであろう。

⑥高岳院《こうがくいん》（愛知県名古屋市東区泉）

親吉が養子の仙千代のために建てた寺。当時は広大な寺領を与えられていたが現在ではわずかな敷地を残すのみ。かつては清洲城黒門が移築され国宝となっていたが、空襲で焼失した。

⑦平田院《へいでんいん》（愛知県名古屋市天白区鴻ノ巣）

平岩氏の菩提寺。寺号の平田院は親吉の戒名「平田院殿越翁休岳大居士」に由来する。もと東区平田町にあったが1990（平成2）年に現在の場所に移転した。

⑧妙源寺《みょうげんじ》（愛知県岡崎市大和町）

遺言により親吉が葬られた墓。記録では親吉の父や弟の墓もあったらしいが現在では確認できない。

忍者《にんじゃ》「服部半蔵」のモデルとなった「鬼半蔵《おにはんぞう》」

服部正成《はっとりまさなり》

徳川《とくがわ》18代宗家
徳川恒孝《つねなり》さんが
ある講演《こうえん》の中で…
私は
サラリーマン時代
NY《ニューヨーク》勤務が長かった
のですが…
アメリカ人に
私は将軍《しょうぐん》の
子孫です
と自己紹介
したところ
オー
将軍《ショーグン》…
ではユーは
忍者《にんじゃ》の親玉《ボス》か!
ニンジャー
ベリークールネー
ワタシアーコガレテーマシター
ま
「将軍」に対する
アメリカ人の
認識《にんしき》なんて
こんなもんです
と仰《おっしゃ》って
いたことが
あった
どっ…
今《いま》や日本が
世界に誇《ほこ》る
影《かげ》のヒーロー
「忍者」!
その中《なか》でも
特《とく》に有名《ゆうめい》な
人物《じんぶつ》といえば
多《おお》くの人が
「服部半蔵《はっとりはんぞう》」と答《こた》える
のではないだろうか
てんまふくめつ

しかし
服部半蔵は実《じつ》は忍者ではなかった
ええっ
史実《しじつ》の服部半蔵正成《はっとりはんぞうまさなり》（1542〜1596）は
徳川十六神将《じゅうろくしんしょう》の一人にも数えられている
れっきとした家康配下の武将である
今回はそんな「武将」服部正成が
なぜ後世《こうせい》忍者「服部半蔵」になったのか
それを探《さぐ》りつつ彼《かれ》の一生《いっしょう》をご紹介《しょうかい》したい
服部正成（以下正成）は伊賀者《いがもの》である服部保長《やすなが》の五男として岡崎《おかざき》に生まれた
後の主君である徳川家康平岩親吉《ひらいわちかよし》、渡邉守綱《わたなべもりつな》らと同じ天文11年生まれである
所伝《しょでん》によると正成は幼《おさな》いころからやんちゃで力持《ちからも》ち
両親《りょうしん》は彼《かれ》を僧《そう》にしようと寺《てら》に入《い》れたが
寺の生活《せいかつ》になじめず3年ほどで飛《と》び出《だ》してしまったという
正成の父 保長
本当《ほんとう》に困《こま》った子ですこと…
ワーン ワーン
えい やあ とう
……

※ただし、分家であったといわれる。

※正成の初陣の時期、場所には諸説ある。

伊賀者…忍びは俸禄《ほうろく》を受けない「無足人《むそくにん》」だ
戦《いくさ》のときと有益《ゆうえき》な情報《じょうほう》を持ってきたときだけ臨時《りんじ》手当《てあて》をもらういわば不安定《ふあんてい》なパートタイマーだ
急募 短期バイト 忍びの経験のある方
←面接
だから我々《われわれ》は百姓《ひゃくしょう》をしたり
諸大名《しょだいみょう》に自らの技能《ぎのう》を売《う》り込んだりして生計《せいけい》を立《た》てている
むろん同族《どうぞく》が敵味方《てきみかた》に分《わ》かれることだってある
ペこ
ペこ
ペこ
しかし我々《われわれ》は常《つね》に武士《ぶし》よりも低《ひく》く見られる
どんなに勝《か》ち戦《いくさ》に貢献《こうけん》しても
多《おお》くの犠牲《ぎせい》を払《はら》ったとしても我々が武士のように重用《ちょうよう》されることはないのだ
幸いお前《まえ》には武芸《ぶげい》の才能《さいのう》がある
槍一本で手柄《てがら》を立てひとかどの武士になり日《ひ》の当《あ》たる場所《ばしょ》を歩《ある》いていけ!
…よいか
決《けっ》して忍者にはなるなよ
伊賀者の頭領《とうりょう》として生きてきた父…
その父上がこれほど思いつめておられたとは…

それから正成は
槍の修行《しゅぎょう》に
精《せい》を出し
またたく間に
敵味方にその名を
知られるようになった
当時はこんな天守閣はなかった
遠州掛川城攻《えんしゅうかけがわじょうぜ》めでは
渡邉守綱《わたなべもりつな》・本多重次《ほんだしげつぐ》ら
とともに城の四方《しほう》を
囲《かこ》んで接戦《せっせん》した
このとき正成は
真《ま》っ先《さき》に
駆《か》けていき
大槍を振るい
あまたの敵を
薙《な》ぎ伏せた
つ…
つえぇ!
まさに鬼《おに》だ
「姉川《あねがわ》の戦い」にも
参戦《さんせん》
半蔵は足軽《あしがる》らに
交じり真っ先に
駆け敵の前に
躍《おど》りこみたちまち
7~8名斬《き》り伏《ふ》せた※
その他牛久保《うしくぼ》・
小坂井《こざかい》・高天神《たかてんじん》など
数々の戦いに参戦
多くの手柄《てがら》を立てた
「三方ヶ原《みかたがはら》の戦い」
では負傷《ふしょう》しつつも
敗走する家康の
後ろにすがる敵を
つかんで引き離し
家康を無事《ぶじ》に
城内《じょうない》まで送《おく》り届《とど》けた※
またあるときは
竹庵《ちくあん》という武田の
間者《かんじゃ》を討《う》ち取り
褒美《ほうび》として竹庵が持っていた
懐剣《ふところがたな》、家康の采配《さいはい》や具足《ぐそく》や
兜《かぶと》などを賜《たまわ》った

※…所伝・俗説による。

また徳川軍が
武田勝頼《たけだかつより》と天竜川《てんりゅうがわ》
で対峙《たいじ》したときは
川を渡《わた》ってこよう
とした武田軍を
正成ら二十余人が
馬《うま》を水中《すいちゅう》に
乗《の》り入《い》れて撃退《げきたい》
また「蟹江城《かにえじょう》の戦」いでは
榊原康政《さかきばらやすまさ》、大須賀康高《おおすがやすたか》らと
ともに城に向かい
「車の丸」を囲んだ
その武勇《ぶゆう》は
かの渡邉半蔵守綱と
並び称せられる
ほどであり
渡邉半蔵
槍半蔵♪
服部半蔵
鬼半蔵♪
徳川様は
良い人
持ちよ〜♪
ドキ
ドキ
フン
当然だ
こんな流行歌《はやりうた》まで
できるほどであった
「三方ヶ原の戦い」の
功により
正成は
伊賀者《いがもの》150人を
預《あず》けられた
彼は初《はじ》めて
人《ひと》の上《うえ》に立《た》つ
身分《みぶん》になったのだ
しかし
伊賀者…
正成の心中《しんちゅう》は
複雑だった
与力《よりき》や足軽《あしがる》でなく
伊賀者（忍び）
150人…
武将として
これだけの
手柄を立てて
いるのに
殿はまだわしを
忍者のように
思っているのか
1582年※
織田信長が
明智光秀《あけちみつひで》によって
殺される
いわゆる「本能寺《ほんのうじ》
の変《へん》」である
これが正成の
人生をも大きく
変える事件《じけん》となった

※天正10年

家康一行は
その時信長の
招《まね》きで堺《さかい》に
いたが…
ワシはもうだめだあああああ
パニック中の家康
すぐに
岡崎に
帰らねば!
しかし道中は
山賊《さんぞく》や一揆が
はびこる危険《きけん》な
地帯《ちたい》だぞ
半蔵殿
たしか半蔵殿は伊賀の名家のご出身… この地の忍びを説得し護衛をしてくれるよう頼んではくれぬか
……
わかり申《もう》した
正成は走った
伊賀国が服部の故郷《こきょう》とはいえ
岡崎生まれの正成にとってここは
見知らぬ地であった
しかし
正成には
ある計算が
あった
もし伊賀者の活躍で家康様を無事岡崎にお届けすることができれば
殿も忍びの重要性を理解し正式な家臣として雇用《こよう》してくださるかもしれぬ
そうすればどれだけの伊賀者が助かるだろう
忍びはわしの代で廃業せよ
父上
明智殿の謀反《むほん》が
我らには千載一遇《せんざいいちぐう》のチャンスかもしれませぬぞ
正成は伊賀にいる服部家ゆかりの者たちと連絡《れんらく》を取り
さらにこの地《ち》の伊賀者たちを呼《よ》び寄《よ》せた
たしかこうだったような…
もく もく

正成の
呼びかけに
多くの
伊賀者が
反応《はんのう》した
伊賀者は家康に
恩《おん》を感じていた
かつて信長が
伊賀を攻め
多くの伊賀者を
殺戮《さつりく》した時
何もあそこまで
しなくても…
故郷を追われ
三河に逃げてきた
伊賀者たちを
家康は殺しもせず保護《ほご》して
やったのだった
正成の発《はっ》した
「家康を守れ」の
指令《しれい》は
伊賀の山々《やまやま》を
伝わり
いつの間にか
一行《いっこう》の周りには
甲賀者《こうかもの》100人、
伊賀者200人からなる
忍びの者たちの大護衛団《だいごえいだん》ができていた
うーむ
服部半蔵が声を
かけただけで
これほどの忍び
が集まるとは！
さすが
伊賀者の
頭領の
家柄よ
……
やはり
忍びには
忍びだな
こうして
家康一行は
無事《ぶじ》危機《きき》を
脱出《だっしゅつ》することが
できたのだった

正成の望《のぞ》んだとおり付《つ》き従《したが》った伊賀者200人は家康に正式に採用《さいよう》された
伊賀者たちは家康に忠誠《ちゅうせい》を誓い以後「大坂《おおさか》の陣《じん》」までのすべての戦いに参加し家康の覇業《はぎょう》に貢献《こうけん》したという
しかし皮肉なことにこの一件によって
正成の名前は槍働きの武将より忍者の頭領として強く印象づけられてしまった
関東入国の後論功行賞《ろんこうこうしょう》により主な家臣39人は1万石以上をもらい大名格になった
大名
10000石
←8000石
しかし正成はその多くの功績にもかかわらず8千石にとどまった
そして与力《よりき》30騎《き》伊賀者200人を同心《どうしん》として付けられた
つまり
!
事実上《じじつじょう》彼は徳川の「隠密頭《おんみつがしら》」になったのである
忍びが大名になりたいなどおこがましい
「忍びの頭目」こそがお前にふさわしい役目だしお前にしかできぬ役目ではないか
殿…では
武士として服部の家名を上げようとした私の長年の槍働きは何だったのか
殿っ

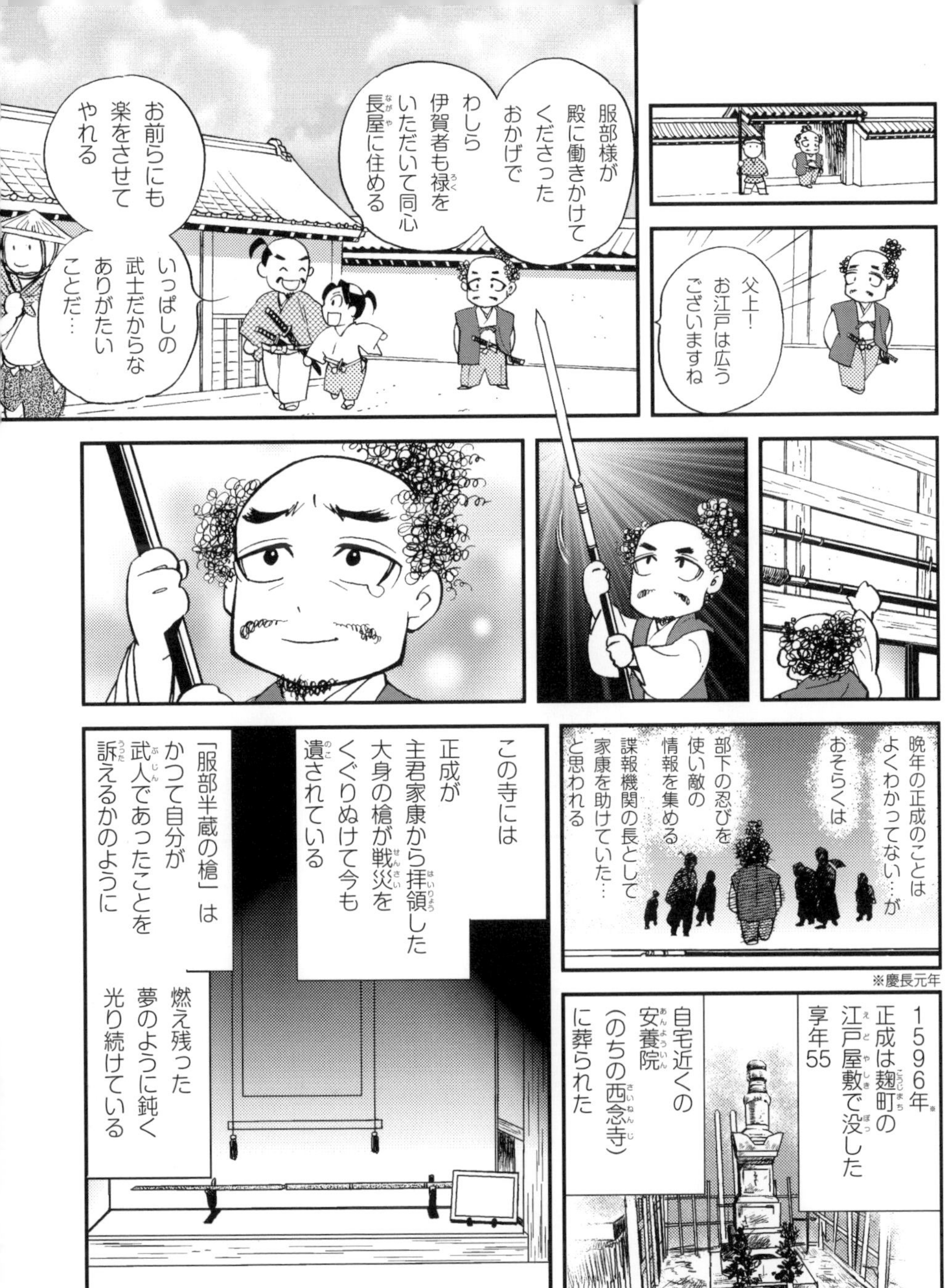
父上！
お江戸は広う
ございますね
服部様が
殿に働きかけて
くださった
おかげで
わしら
伊賀者も禄《ろく》を
いただいて同心
長屋《ながや》に住める
お前らにも
楽をさせて
やれる
いっぱしの
武士だからな
ありがたい
ことだ…
晩年の正成のことは
よくわかってない…が
おそらくは
部下の忍びを
使い敵の
情報を集める
諜報機関の長として
家康を助けていた…
と思われる
1596年※
正成は江戸屋敷《えどやしき》で没《ぼっ》した
享年55
自宅近くの
安養院《あんよういん》
（のちの西念寺《さいねんじ》）
に葬られた
この寺には
正成が
主君家康から拝領《はいりょう》した
大身の槍が戦災《せんさい》を
くぐりぬけて今も
遺《のこ》されている
「服部半蔵の槍」は
かつて自分が
武人《ぶじん》であったことを
訴《うった》えるかのように
燃え残った
夢のように鈍く
光り続けている

※慶長元年

忍法・分身の術
半蔵・どうじゃ！
殿それは
ただのコピー&ペーストです…
オレ忍者じゃねーし

≪参考文献≫「寛政重修諸家譜」「岡崎市史別冊・家康と其周囲」「伊賀町史」「伊賀史叢考」（久保文武／同朋社）「家康名臣伝」（童門冬二／東洋経済新聞社）「家康十六神将」（徳永真一郎／毎日新聞社）「家康と伊賀越えの危難」（川崎記孝／鳥影社）「服部半蔵と影の一族」（橋場日月／学研）「歴史読本『服部半蔵と徳川隠密組織』」（人物往来社）「江戸学『特集服部半蔵』」（エーアールティー）「歴史群像別冊徳川四天王」（学研）その他…徳川恒孝氏講演会（於・壬生公民館）

服部正成　その他のエピソード集

今川兵、W半蔵になめられる

掛川城《かけがわじょう》に攻め寄せる徳川軍。その時城中から鬨《かちどき》の声が起こり、いったん城内に逃げ込んだ今川兵《いまがわへい》たちが再び突撃するようなそぶりをみせた。再攻撃を恐れ、思わず逃げ出す徳川軍。

しかし、その中で三人の武士だけは踏みとどまっていた。渡邉守綱《わたなべもりつな》、服部《はっとり》（半蔵《はんぞう》）正成《まさなり》、高見弥平次《たかみやへいじ》である。本当に今川兵が攻撃してきたら彼らの命はひとたまりもない距離である。

なおも激しく鬨の声をあげる城中の兵。…落ち着き払って見ている3人。そうして敵が声だけで一向に出てこないのを見届け、悠々とその場を去ったのである。つまり今川軍はW半蔵たちになめられたのであった…！

「五」の字の旗指し物の由来

徳川軍の使番衆の目印で有名な「五」の字の旗指し物だが、これはもともと正成の旗指し物であった。

「小田原の陣《おだわらのじん》」の時、家康が本多正信《ほんだまさのぶ》を通じて正成の旗指し物（黒字に白の五）を召し上げ、自軍の使番の指し物（白地に黒の五）としたという。正成の武将としての勇猛さを家康がいかに評価していたかがわかるエピソードである。

不肖の息子

正成の死後、その息子正就《まさなり》が後を継いだが彼は父親に似ない凡庸な人物であった。部下である伊賀者を屈服させようとして用もない普請を命じたり、庭の手入れをさせたりし、呼び出しに応じない者に罰を与えたり禄を与えなかったりした。

耐えかねた伊賀同心《どうしん》たちは寺に弓鉄砲を持ち込んで立てこもり、幕府に彼の非を訴え、自分たちを正就の部下から外してほしいと訴えた。幕府はその訴えを聞き入れ、正就を伊賀同心の頭の地位から外した（首謀者十名は死罪）。

しかし正就はこのことを恨み、同心のリーダーの一人を殺そうと待ち伏せした。しかし誤ってこともあろうに関東代官伊奈《いな》熊蔵《くまぞう》の家来を殺害してしまう。さすがに切腹もやむなしの状況だったので正就は剃髪して赦しを乞うた。その後次男正重《まさしげ》が後を継いだが、大久保長安事件に連座して3千石を没収されてしまう。

こうして伊賀同心の長としての正成の家は絶えてしまう。子孫は各地を転々とし、桑名藩《くわなはん》の家老として存続した。

服部正成　ゆかりの地

①上ノ郷城《かみのごうじょう》（愛知県蒲郡市神ノ郷町）

ここでの戦いで正成は「初陣」を果たしたとされる。史書によると正成は伊賀《いが》の忍び60～70人を率いて城内に侵入、戦功を立て、家康の持槍を拝領した、とある。

ただ、史料ではこのとき正成は16才となっているが、この当時、この城は松平の同盟者である今川の城なので、正成がこの城を攻めるのは不自然である。ということで、正成の初陣の時期、場所には今も諸説ある。

②伊賀《いが》・甲賀《こうか》（三重県・滋賀県）

これらの地はともに山に囲まれ山伏修験の場となり、その兵法・武技が忍術へと発展したという。上野市には服部半蔵故郷塔があり、服部氏発祥の地には小祠や服部氏の祖神を祀る敢国神社などがある。

甲賀には伊賀越えの際に正成が助力を乞うた多羅尾屋敷跡があり、伊賀甲賀の境には正成がのろしを上げ、その後家康一行が越えていったとされる御斎峠《おとぎとうげ》がある。

③西念寺《さいねんじ》（東京都新宿区若葉）

正成にとって生涯忘れることのできない事件が家康《いえやす》の長男信康《のぶやす》の切腹である。家康の命により信康の介錯《かいしゃく》役を仰せつかった正成だが、いざ信康が切腹してもその首を刎ねることがどうしてもできず、同行の天方通興が見かねて介錯をした。

正成は生涯この時のことを悔やみ、江戸の麹町に屋敷をもらった後、その近くに信康を供養するための寺を建てた。その後正成もそこに葬られ、彼の戒名にちなんで西念寺という寺になった。

④半蔵門《はんぞうもん》（東京都千代田区麹町）

1590（天正18）年の関東に入った半蔵と伊賀同心200人が警備を任された江戸城の搦《から》め手側の門。正成自身も門前に屋敷を構えていたため、いつしか「半蔵門」とよばれるようになったという（諸説あり）。ちなみに半蔵門近くにある地下鉄の駅は半蔵門駅、その駅を含む路線は半蔵門線と命名されている。武将の名前を由来とする鉄道路線名は、全国でもこの半蔵門線だけである。

江戸時代に作られた五街道《ごかいどう》のうち甲州街《こうしゅうかい》道《どう》だけが日本橋ではなくこの半蔵門を起点として作られていた。これは江戸城が攻められたとき、正成ら伊賀同心が将軍を護衛して甲府《こうふ》に行くための道路としてつくられたからだという。なお、半蔵門は現在立ち入り禁止となっている。

福山藩祖《ふくやまはんそ》となった流浪《るろう》の猛将《もうしょう》
水野勝成《みずのかつなり》

家康生誕《いえやすせいたん》の地岡崎城《ちおかざきじょう》の
「グレート家康公《こう》『葵《あおい》』武将隊《ぶしょうたい》」
「平成《へいせい》の世《よ》によみがえった」
家康と三河武士《みかわぶし》たちによる
おもてなしや演武《えんぶ》が
観光客《かんこうきゃく》に人気《にんき》だ

※『葵武将隊』の水野勝成さんは2016年に卒業、現在は6人編成。

武将隊のメンバーは
家康と徳川四天王《とくがわしてんのう》
小松姫《こまつひめ》※といった
ゲームなどでも有名《ゆうめい》な
人物《じんぶつ》であるが
その中《なか》の一人に
水野勝成《みずのかつなり》※という
聞《き》きなれない武将《ぶしょう》がいる

※本多忠勝の娘。真田信之の妻。

水野
勝成…
知ってる？
ザワ
徳川四天王
でも
徳川十六神将
でもないし…
ザワ

地元《じもと》ですら
知名度《ちめいど》は
いまいちだが
『鬼日向《おにひゅうが》』と呼《よ》ばれた男《おとこ》
水野日向守勝成《みずのひゅうがのかみかつなり》
（1564～1651）
今回《こんかい》は
その破天荒《はてんこう》にして
魅力《みりょく》あふれる88年の生涯《しょうがい》を
見《み》ていきたい
10Pで

水野勝成は
三河《みかわ》一向一揆《いっこういっき》が終息《しゅうそく》した
1564年※に生《う》まれた
(生誕地は刈谷・岡崎・鷲塚など諸説あり)
水野忠政
水野信元
松平広忠
於大の方
水野忠重
徳川家康
水野勝成
おじ・おいだけど1才ちがい
いとこだけど21才ちがい
父《ちち》の水野忠重《ただしげ》は
家康の生母《せいぼ》於大《おだい》の弟《おとうと》
すなわち勝成と家康は
イトコ同士《どうし》であった
※諸説あり
そもそも
水野氏とは
水野氏は尾張《おわり》と三河《みかわ》の
国境地帯《こっきょうちたい》(今《いま》の刈谷《かりや》あたり)
を根拠地《こんきょち》とした国衆《くにしゅう》で
松平氏《まつだいらし》
のみならず
織田氏《おだし》とも
つながりが
深《ふか》かった
織田
水野
松平
信長《のぶなが》・家康(当時《とうじ》今川方《いまがわがた》)
の同盟《どうめい》を仲介《ちゅうかい》したのは
水野信元《のぶもと》(勝成の伯父《おじ》)
であるし
これ家康に伝えておいて
勝成の父忠重もまた家康
の陣営《じんえい》で活躍《かつやく》しながら
信長・家康との
パイプ役《やく》をつとめていた
つまり水野氏は
他《ほか》の家臣《かしん》たちと違《ちが》い
独立《どくりつ》した領主《りょうしゅ》であり
家康にも信頼《しんらい》される
「最《もっと》も近《ちか》い親戚《しんせき》」であった
対等。
家臣の家柄。→
そんな水野氏に
生《う》まれた勝成の
人生《じんせい》のスタートは
大変華々《たいへんはなばな》しい
ものであった
ワァ アァァァア
1581年※
「高天神城攻《たかてんじんじょうぜ》め」
では敵《てき》の首《くび》
2つを取《と》り
信長から感状《かんじょう》と
名刀《めいとう》「左文字《さもんじ》」を
与えられた
※天正9年
その後数々《ごかずかず》の
戦《いくさ》に参加《さんか》するも
手柄《てがら》を立《た》てない
時《とき》はなかった
くび
くび
くび
くび
戦場《せんじょう》を駆《か》けるのが
大好《だいす》きで
一番槍《いちばんやり》の名誉《めいよ》を
常《つね》に求《もと》める
苦労知《くろうし》らずの
お坊《ぼっ》ちゃん…
それがこのときの
勝成であった
えり―――と

勝成は
しだいに思《おも》い上《あ》がっていった…
フン ブン
ある合戦《かっせん》でのこと
勝成は結膜炎《けつまくえん》をわずらってしまったため兜《かぶと》をつけずに出陣《しゅつじん》した
まいいか
藤十郎《とうじゅうろう》※! 戦場《せんじょう》だというのに兜はどうした小便壺《しょうべんつぼ》にでもしたのか
戦《いくさ》をなめるなこの大《おお》バカ者《もの》が
父・水野忠重
ムッカー
父上《ちちうえ》とはいえ何《なん》だその言《い》い草《ぐさ》!
父に向《む》かって何だとは何だ
うるせー
もうあんたの指図《さしず》なんて受《う》けねえぞ
そう言《い》い残《のこ》し
ダーッ
たった一人で一番首《いちばんくび》をあげたのだった
この手柄が
さらなる思《おも》い上《あ》がりを生《う》んでしまう
ザマーみろ
同《おな》じ年《とし》
勝成は父の寵臣《ちょうしん》富永半兵衛《とみながはんべえ》を斬《き》り殺《ころ》してしまう
理由《りゆう》は
半兵衛《はんべえ》が勝成の悪口《わるくち》を父《ちち》に告《つ》げたためだと言《い》われるが
勝成が家《いえ》の金《かね》を勝手《かって》に使おうとしたのを止《と》められたためだとも言《い》われる
父忠重は激怒《げきど》した
あんな奴《やつ》息子《むすこ》でも何《なん》でもない
勘当《かんどう》だ!
上等《じょうとう》だ
俺《おれ》ほどの腕《うで》がありゃどの大名でも雇《やと》ってくれらぁ
水野の名前《なまえ》なんぞに頼《たよ》らなくても食《く》っていけるわ
※藤十郎…勝成の通り名

藤十郎め…
ならば ワシにも 考《かんが》えがある
忠重は各大名・領主《りょうしゅ》に勝成の「奉公構《ほうこうかま》え」を出《だ》した
Black List
水野藤十郎
この者凶暴につき雇わないで下さい
忠重
よろしくおねがい申ーす
つまり仕官《しかん》差《さ》し止《と》め
各大名・領主に対し勝成を決して召し抱えぬようもし雇《やと》ったものがあれば一戦《いっせん》をも辞《じ》さぬと触《ふ》れ回《まわ》ったのだ
水野氏の惣領《そうりょう》※忠重の出《だ》した奉公構えの威力《いりょく》は強力《きょうりょく》であった
勝成は何人《なんにん》かの領主《りょうしゅ》を頼《たよ》ってみたが
皆《みな》 忠重の怒《いか》りを恐《おそ》れ仕官《しかん》はことごとく断《ことわ》られた
家康ですら
忠重どのはわしの叔父《おじ》…怒《おこ》らせるわけにもいかんし
！
いつか必《かなら》ず父《ちち》との仲《なか》を取《と》り持《も》ってやるゆえ
しばらくは身《み》をかくしてはどうかの
……
家康の言葉《ことば》に従《したが》い
勝成は西国《さいごく》に逃《のが》れることになった
…フン ドラ息子《むすこ》めが
勝手《かって》にのたれ死《し》ぬがいいわ
こうして
三河を去《さ》った
勝成は…
生《う》まれてはじめての自由《じゆう》きままな生活《せいかつ》に
すっかり有頂天《うちょうてん》になっていた…
京都

※忠重は1580年信長の命により水野氏の惣領を継ぎ刈谷城主になっている。

まず京《きょう》に入《はい》った
勝成は
南禅寺《なんぜんじ》の山門《さんもん》で寝泊《ねと》まりしていたが
清水《きよみず》で派手《はで》な喧嘩沙汰《けんかざた》を起《お》こして多数《たすう》の死傷者《ししょうしゃ》を出《だ》し
大坂《おおさか》に下《くだ》り
やっぱ戦がええのう
仙石秀久《せんごくひでひさ》の軍《ぐん》に加《くわ》わり
四国長宗我部《しこくちょうそかべ》攻《ぜ》めに参加《さんか》
その後秀吉《ごひでよし》の下《もと》で働《はたら》くことになり
ホォー
あの水野の子《こ》どもか
726石《こく》を与《あた》えられた
面白《おもしろ》い
…と
ここまでは順調《じゅんちょう》だったのだが
例《れい》のケンカっ早《ぱや》い性格《せいかく》が災《わざわ》いして
相撲《すもう》のことで口論《こうろん》となり
同僚《どうりょう》を殺《ころ》して逃亡《とうぼう》
激怒《げきど》した秀吉から
刺客《しかく》を放《はな》たれる
勝成は刺客から逃《のが》れるため
名前《なまえ》を藤十郎から六左衛門《ろくざえもん》に変《か》え
虚無僧姿《こむそうすがた》になって中国地方《ちゅうごくちほう》に逃《のが》れた
作州松坂《さくしゅうまつざか》
農家《のうか》の安藤某《あんどうなにがし》という家《いえ》に宿《やど》を借《か》りたとき
お前《まえ》さんなかなかの人物《じんぶつ》と見《み》たうちの娘《むすめ》をもらってくれんか
しかし婿養子《むこようし》に入《はい》ったものの農作業《のうさぎょう》もせず遊《あそ》んでばかりいるので…
自分《じぶん》の立場《たちば》が分《わ》かってるのかボケっ
出《で》て行《い》けろくでなし

その安藤某を
殺害《さつがい》し逃亡
お父様《とうさま》ーー！
無一文《むいちもん》となった勝成は
(各地《かくち》に数々《かずかず》の伝説《でんせつ》を
残《のこ》しながら)
旅《たび》を続《つづ》ける
どっかいけ
汚《きたな》い
虚無僧《こむそう》ーー！
その後《ご》勝成は
佐々成政《さっさなりまさ》・小西行長《こにしゆきなが》・
加藤清正《かとうきよまさ》などの
大名《だいみょう》のもとに行《い》き
戦場《せんじょう》で数々《かずかず》の
手柄《てがら》を立《た》てるが
えっ主君が切腹!?
あんなケチな主君に仕えていられるかバカヤロー
いくさがないとヒマだぜー
…
いずれも
長続《ながつづ》きは
せず…
ようやく
黒田家《くろだけ》に
仕官《しかん》することに
なった
ところが…
勝成様もこれで
落《お》ち着いて下《くだ》さる
といいのう
まったく
おつきの者たち
オイ
そこの
は？
黒田長政
船《ふね》のロープが
ほどけておる
ようじゃ
おぬし
結《むす》んでまいれ
しかし
拙者《せっしゃ》は…
ムッ
何《なに》をしておる
新参者《しんざんもの》
早《はよ》うせんか

おた
おた
おのれ
武士たるわしに
水夫《すいふ》の真似《まね》を
させるとは
ワハハ
ハハハ
勝成は
船《ふね》が停泊《ていはく》するや否《いな》や
勝手《かって》に下船《げせん》し
逃亡《とうぼう》してしまった
ああっ
俺《おれ》ぐらいの腕《うで》が
あればどこの大名《だいみょう》でも
雇《やと》ってくれらあ
水野の名前《なまえ》に
頼《たよ》らなくても
生《い》きていけるわ
再《ふたた》び無一文《むいちもん》と
なった勝成は
備中《びっちゅう》・備後《びんご》を
流浪《るろう》し
ザー
ちくしょう
ザー
俺はここで
朽ち果てて
いくのか…
最後《さいご》は
備中成羽城《びっちゅうなりわじょう》の
三村紀伊守《みむらきいのかみ》の
食客《しょうかく》となり
そこの女中《じょちゅう》
との間《あいだ》に一男《いちなん》を
もうける
1599年※
※慶長4年
家康と石田三成《いしだみつなり》
との間《あいだ》に
不穏《ふおん》な空気《くうき》が
流《なが》れていると
知《し》った勝成《かつなり》は
急《いそ》ぎ伏見《ふしみ》に
向《む》かった
ただし父に
知《し》られないように
こっそりと…
ほお…
藤十郎が
帰《かえ》ってきたか

勝成が帰《かえ》ってきたことを知《し》った家康は
勝成の父忠重に勝成への勘当を解《と》くよう説得《せっとく》
ようやく父の怒《いか》りも解《と》け二人《ふたり》は面会《めんかい》した
勝成が水野の家を飛《と》び出《だ》してから14年の歳月《さいげつ》が経《た》っていた
父上…
……いい面構《つらがま》えになったの
私《わたし》が甘《あま》ったれでございました
これからはともに殿《との》を盛《も》り立《た》てていこうぞ
しかしこれが父子《おやこ》の最後《さいご》の対面《たいめん》となった
「関ヶ原《せきがはら》の合戦《かっせん》」の直前《ちょくぜん》1600年※7月
父忠重は石田方の手《て》の者《もの》により暗殺《あんさつ》されたのだった
!
父上が…
虫の知らせだったのだろうか
私が戻《もど》ったのも父が私を許《ゆる》してくださったのも…
家康は勝成を水野家の跡取《あとと》りと定《さだ》め
勝成は刈谷城主《かりやじょうしゅ》（のち刈谷藩主）となった
勝成はその後家康の将《しょう》として戦《いくさ》に参加《さんか》
関ヶ原では大垣城《おおがきじょう》を攻《せ》め「大坂《おおさか》の陣《じん》」では大和勢総大将《やまとぜいそうだいしょう》として指揮《しき》を執《と》り敵《てき》から「鬼日向」※と恐《おそ》れられた

※勝成は明智光秀以来名乗る者がいなかった「日向守」を名乗った。

※慶長5年

家康の死後《しご》勝成は備後《びんご》七郡《しちぐん》と備中《びっちゅう》の一部《いちぶ》10万石《まんごく》を与《あた》えられ移封《いほう》
かつて流浪《るろう》していた備後の地《ち》に入った
これは…見渡《みわた》す限《かぎ》りの干潟《ひがた》ですなあ
そして城《しろ》の建設《けんせつ》に取《と》りかかるとともに
城下町《じょうかまち》の建設《けんせつ》にも全精力《ぜんせいりょく》を傾《かたむ》けた
この地《ち》を大《おお》きな町にする干潟《ひがた》を干拓《かんたく》し上水道《じょうすいどう》を引《ひ》くのだ
し、しかしそんな金《かね》は
わしがじきじきに幕府《ばくふ》に借金《しゃっきん》を申《もう》し込《こ》む
なおこの時勝成が作った上水道※は
1926（大正15）年に近代的な水道が引かれるまで300年以上使われたという
さらに、い草《ぐさ》・塩《しお》・綿《めん》・煙草《たばこ》など産業《さんぎょう》を奨励《しょうれい》し鉱山《こうざん》を開発《かいはつ》し
備後表
前《まえ》にこの地《ち》を治《おさ》めていた領主《りょうしゅ》の家臣《かしん》たちを多《おお》く召《め》し抱《かか》えた
長年《ながねん》の浪人暮《ろうにんぐ》らしで勝成は民衆《みんしゅう》の気持《きも》ちがよくわかっていた
生活《せいかつ》の不安《ふあん》がいかに人《ひと》を追《お》い詰《つ》め心《こころ》を荒《すさ》ませるか
それがいかに権力《けんりょく》への反乱《はんらん》に直結《ちょっけつ》するか
また多《おお》くの国《くに》を回《まわ》ったことでこの国《くに》の特色《とくしょく》もよく理解《りかい》していた
勝成の政治《せいじ》は人間味《にんげんみ》があった
家中《かちゅう》の者《もの》は「お暇願《いとまねが》い」を出《だ》さずとも家老《かろう》に届《とど》け出《で》るだけで安芸《あき》や京《きょう》・大坂《おおさか》に自由《じゆう》に旅行《りょこう》できた
帰国《きこく》して旅《たび》の土産話《みやげばなし》をすると彼《かれ》は楽《たの》しそうに聞《き》いていたという
またある家臣《かしん》が自分《じぶん》の下《もと》を離《はな》れ他国《たこく》に仕官《しかん》しようとしたときには
彼《かれ》は召《め》し抱《かか》えれば役《やく》に立《た》つでしょう
とその国《くに》の主《あるじ》に手紙《てがみ》を書《か》いた

※江戸に続いて全国で２番目に早く敷かれた上水道といわれる。

それはかつて自分《じぶん》が
父親から「奉公構え」を出《だ》されて苦労《くろう》した
経験《けいけん》からであった
主《あるじ》や将《しょう》の道《みち》は慈悲《じひ》に欠《か》けてはならない
およそ人《ひと》には貴《とうと》い・いやしいの区別《くべつ》など無《な》い
主君《しゅくん》と家臣《かしん》は互《たが》いに寄《よ》り添《そ》って生《い》きていくものだ
1651年※3月《がつ》25日《にち》
勝成は その波乱万丈《はらんばんじょう》な生涯《しょうがい》を閉《と》じた 享年《きょうねん》88
その時《とき》の人々《ひとびと》の様子《ようす》は
『上下老若男女《かみしもろうにゃくなんにょ》の泣《な》き叫《さけ》ぶありさまは御仏《みほとけ》の別《わか》れもこのようなものであっただろうと世《よ》に噂《うわさ》された』
…と記《しる》されている
※慶安4年
広島県《ひろしまけん》福山市・賢忠寺《けんちゅうじ》
勝成が父の菩提《ぼだい》を弔《とむら》うために建《た》てた寺《てら》である
福山で城下町建設《じょうかまちけんせつ》に取《と》り掛《か》かった勝成は34もの寺《てら》を移《うつ》したり創設《そうせつ》したりしたが
真《ま》っ先《さき》に建《た》てたのがこの寺だったという
そして勝成もまたここに眠《ねむ》っている
自分《じぶん》が作《つく》り上《あ》げた福山の町《まち》を誇《ほこ》らしげに見《み》せているかのように
2基《き》の墓《はか》は仲良《なかよ》く並《なら》んでいる

≪参考文献≫「寛政重修諸家譜」「名将言行録」「参河志」「勝成公戴恩略記」「水野勝成公覚書」「宗休様御出語」「水野勝成公寿碑」「刈谷市史」「福山開祖水野勝成」(平井隆夫/新人物往来社)「戦国武将水野勝成」(森本繁/佐々木印刷) 復刻版「会報沢潟」(水野勝成公報恩会)「物語水野勝成」(平井隆夫/世良戸城・福山市文化財協会)「城下町福山」(村上正名/芦田川文庫)「元和の栄光」(立石和夫/忘憂会)「まんが物語福山の歴史～放浪の大名水野勝成」(中山善照/啓文社)「水野一族の系譜」(河田義春)「第七回水野勝成公支干祭記念誌」 図録「水野氏五代展」(福山城博物館) 図録「戦国江戸時代の刈谷展」(刈谷市教育委員会) 図録「水野勝成とその時代」(福山城博物館) 講演会「信長・秀吉・家康と水野氏～戦国史の中の刈谷城」(小和田哲男) DVD 刈谷偉人伝その2 初代刈谷藩主水野勝成物語～鬼日向と呼ばれたお殿さま～」(刈谷市)

ムキー

水野勝成　その他のエピソード集

後藤又兵衛と功名争い

後藤又兵衛《ごとうまたべえ》といえば「大坂《おおさか》の陣《じん》」で勝成《かつなり》の軍勢と戦った武将だが、実は放浪中の勝成とは同じ陣営にいた。豊前《ぶぜん》国の戦で勝成が殿軍《しんがり》を務めた際のこと。道に猩々緋の布の切れ端が落ちているのを見つけた勝成は「後々自分が一番殿軍にいたことの証拠になるだろう」とそれを拾って帰った。

後日、論功行賞《ろんこうこうしょう》の席で後藤又兵衛が、

「殿軍を務めたのは自分だ」

と言い出した。乱戦の中のことであり、だれが最後までいたかなど知る者がいるはずもない。しかし勝成は拾った切れ端を取り出して見せた。

それは又兵衛が来ていた陣羽織《じんばおり》と同じ布で、敵の槍で突き切られて落ちたものだった。羽織の穴と合わせてみればまさにぴったりで、これには又兵衛も赤面して黙り込むしかなかった。勝成は恩賞《おんしょう》にあずかることができたという。

かさから勝成

明智光秀《あけちみつひで》が謀反を起こして以来、日向《ひゅうがの》守《かみ》を名乗る者はなかったが、家康《いえやす》は勝成にこの官位を名乗るよう命じた。

「そなたが光秀のような悪心を起こすことはないだろうが、心配なら水野家が信長《のぶなが》公《こう》より与えられた永楽通宝《えいらくつうほう》の紋も文字を除いて裏永楽にすればよい」

信長の家紋を逆にすることで日向守に取りついた悪い意味も逆にするというまじないであろうか。

勝成は感涙にむせび、

「ならば信長公より水野に与えられた唐傘《からかさ》の馬印《うまじるし》も今後は逆さまにして用いましょう」

と言うと家康も、

「ならば『からかさ』ではなく『かさから』じゃな。かさから勝成じゃ」

と冗談めかして笑った。

戦国のファッション？

晩年、勝成が自分の浪人時代を側近に語っている記述の中に、

「たくさんいた浪人たちの中には羽織に墨でだるまの絵を書いていた者があり、そいつの名前は知らず皆『だるまだるま』と呼んでいた。また赤字の四半に金のきらきらの指物を指した者がいたがこれも名前を言わず『きらきら』とだけ言っていた」

殺伐とした印象の戦国時代だが、そこに生きる人々は、あだ名で呼びあうユーモアを持ちあわせていたのである。

水野勝成　ゆかりの地

①福山城《ふくやまじょう》（広島県福山市丸之内）

勝成が備後《びんご》10万石を与えられて築いた城。1945（昭和20）年8月8日に空襲で焼けおちるまでは国宝だった。現在の天守は1966（昭和41）年に再建されたもの。

②南陽山賢忠寺《なんようざんけんちゅうじ》（広島県福山市寺町）

勝成が父忠重《ただしげ》の菩提を弔うために建立した寺。水野家墓所は寺から少し離れた北側にあり、勝成とその殉死者、父忠重、子孫らの墓がある。

③三蔵稲荷《さんぞういなり》（広島県福山市丸之内）

勝成が流浪の時代も肌身離さず持っていたご神体を祀ったとされる神社。福山城の守護神。

④刈谷楞厳寺《かりやりょうごんじ》（愛知県刈谷市天王町）

水野氏の墓所。信元や忠重の墓がある。近くには水野氏の先祖が最初に築いた刈谷古城跡があるが特に案内板などはない。

⑤刈谷城《かりやじょう》（亀城《きじょう》公園）（愛知県刈谷市城町）

水野氏代々の居城。家督を継いだ水野勝成が継ぎ、さらに「関ヶ原《せきがはら》の戦い」の功で所領5万石を安堵され、1615年まで在城した。その後、刈谷城は深溝松平家、久松松平家、稲垣氏、阿部氏、本多氏、三浦氏と目まぐるしく城主が変わる。1747（延享4）年から幕末までは土井氏が治めた。

⑥市原稲荷《いちはらいなり》（愛知県刈谷市司町）

653（白雉4）年に亀狭山（現在の亀城公園）に創立されたと言われる水野氏ゆかりの神社。勝成が奉納したとされる獅子頭が現存する（保管場所は別所）。

⑦野田八幡宮《のだはちまんぐう》（愛知県刈谷市野田町）

勝成が関ヶ原の戦い前に奉納した総髪兜（そうごうのかぶと）と戦勝返礼で奉納した野田八幡宮社殿の棟札がある。棟札には「水野六左衛門忠則《ただのり》」と書かれてあり、勝成と名乗る前の名前がわかる唯一のものである。

⑧宇宙山乾坤院《うちゅうざんけんこんいん》（愛知県知多郡東浦町大字緒川）

水野氏菩提寺。勝成の祖父忠政《ただまさ》の墓や座像などがある。2016（平成28）年3月4日の失火により本堂と座禅堂が全焼、ほかの建物も被害を受ける。近くには刈谷城以前の水野氏の城・緒川城址《おがわじょうし》もある。

ひねりっ

「大岡越前《おおおかえちぜん》」のモデルとなった名判官《めいはんがん》

板倉勝重《いたくらかつしげ》

時代劇《じだいげき》でおなじみ「大岡越前《おおおかえちぜん》」
数々《かずかず》の難事件《なんじけん》を人情味《にんじょうみ》あふれる判決《はんけつ》で解決《かいけつ》する民衆《みんしゅう》のヒーローである
ヒガシ―
「大岡裁《さば》き」は中国《ちゅうごく》や日本《にほん》の名判決《めいはんけつ》の逸話《いつわ》をもとにした講談《こうだん》だが
実《じつ》はある三河武士《みかわぶし》も大岡越前のモデルの一人《ひとり》となっている
それが京都所司代《きょうとしょしだい》板倉勝重《いたくらかつしげ》（1545～1624）
家康公《いえやすこう》からも絶大《ぜつだい》な信頼《しんらい》を受《う》けその人柄《ひとがら》と公平《こうへい》な裁きで公家《くげ》から庶民《しょみん》にまで愛《あい》されたという
江戸初期《えどしょき》の京都《きょうと》を治《おさ》めた名行政官《めいぎょうせいかん》・司法官《しほうかん》である
その人《ひと》となりをかたちづくったのは
名奉行 板倉の勝さん
彼《かれ》の数奇《すうき》な生《お》い立《た》ちであった

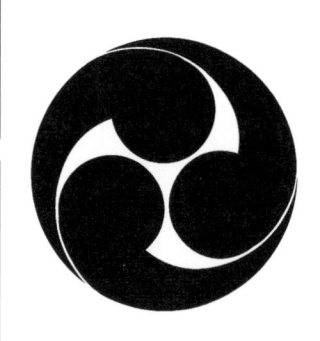

板倉勝重は
1545年※
現在《げんざい》の岡崎市《おかざきし》
小美町《おいちょう》で板倉好重《いたくらよししげ》の
次男《じなん》として生《う》まれた
※天文14年
板倉三兄弟♪
↑長男《ちょうなん》・忠重《ただしげ》
→次男《じなん》・勝重
←三男《さんなん》・定重《さだしげ》
板倉好重《いたくらよししげ》は日記《にっき》で
有名《ゆうめい》な深溝松平氏《ふこうずまつだいらし》の
家老《かろう》で
あったが
※本書「松平家忠」の章を参照
勝重の父・好重
えっ
家忠の祖父・好景
先祖《せんぞ》は渋川氏《しぶかわし》
という名門《めいもん》で
足利将軍家《あしかがしょうぐんけ》に
最《もっと》も近《ちか》い家柄《いえがら》の
一《ひと》つであった
足利泰氏
頼氏（足利氏）
義顕（渋川氏）
足利将軍家
板倉好重
当時《とうじ》の武家《ぶけ》では子弟《してい》の1人を
出家《しゅっけ》させ一族《いちぞく》の菩提《ぼだい》を
弔《とむら》わせるのが
慣習《かんしゅう》だったので
この子は
武芸《ぶげい》より
学問《がくもん》をさせた
方《ほう》がよい…
スラ
スラ
勝重は11才で
出家《しゅっけ》
親戚《しんせき》が住職《じゅうしょく》を
務《つと》める禅寺《ぜんでら》に入《はい》り
香誉宗哲《こうよそうてつ》と
名乗《なの》った
香誉《こうよ》は数年間《すうねんかん》
諸国《しょこく》を回《まわ》り
修行《しゅぎょう》を積《つ》んだのち
中島《なかじま》の永安寺《えいあんじ》で
住職《じゅうしょく》となった
このままであれば
香誉は
歴史《れきし》の表舞台《おもてぶたい》に
立《た》つこともなく
ひっそりと
生涯《しょうがい》を終《お》えた
であろう
1561年※
「善明堤《ぜんみょうづつみ》の戦《たたか》い」で
父好重《ちちよししげ》が
主君《しゅくん》とともに戦死《せんし》
※永禄4年
後《あと》を継《つ》いだ
弟定重《おとうとさだしげ》も
1574年※
「高天神城攻《たかてんじんじょうぜ》め」で戦死《せんし》
※天正2年
兄忠重《あにただしげ》は
病弱《びょうじゃく》であり
板倉家の後継《あとつ》ぎが
いなくなって
しまったのである
ところが…
香誉さま

何《なに》っ
板倉家の次男《じなん》がまだ生き残《のこ》っておるとな
はっ
名門《めいもん》板倉家の断絶《だんぜつ》を惜《お》しんだ家康は
香誉を呼《よ》び出《だ》し還俗《げんぞく》※して家《いえ》を継《つ》ぐように命《めい》じた
お断《ことわ》りします
何《なに》っ
※僧をやめて俗世界にもどること。
仏門《ぶつもん》に入《はい》って20年近《ちか》く
静《しず》かな禅寺暮《ぜんでらぐ》らしが気《き》に入《い》っております
今更武士《いまさらぶし》になって人《ひと》を斬《き》って生《い》きよと言《い》われても…
無礼《ぶれい》なせっかくの殿《との》のお計《はか》らいを
…
のう香誉とやら
ずずずい
家族《かぞく》の供養《くよう》ならば
武士《ぶし》になって寺《てら》を立派《りっぱ》に建《た》てかえればよい
武士は人を斬《き》るが人を救《すく》うことだってできるぞ
坊主《ぼうず》は死《し》んだ人間《にんげん》しか救《すく》えぬ
…
家康からの重《かさ》ねての要請《ようせい》により
香誉は板倉家の名跡《みょうせき》を継《つ》いだ
渋川
兄・忠重
そして先祖の姓《せい》である渋川《しぶかわ》を名乗り名《な》を渋川甚平《じんべい》と改《あらた》めた
37才※の遅《おそ》い武士《ぶし》デビューであった
※諸説あり

新米《しんまい》武士
渋川甚平の
最初《さいしょ》の仕事《しごと》は
検視《けんし》(城下《じょうか》における
不審死《ふしんし》の検視官《かん》)
であった
状況《じょうきょう》からして こいつは 焼死《しょうし》ですなあ
…いや よく見《み》て みよ
死人《しにん》の 鼻《はな》の中《なか》を見《み》よ
えっ
煙《けむり》に巻《ま》かれて 死んだのなら 鼻《はな》の中《なか》は煤《すす》で 黒《くろ》いはず
つまりこの者《もの》は 殺《ころ》されてから ここに運《はこ》ばれて家《いえ》に 火《ひ》をつけられた
これは 事件《じけん》じゃ
な なるほど…
すぐに 殺人《さつじん》に切《き》り 替《か》えて捜査《そうさ》を
は
甚平になぜ このようなことが できたのか 定《さだ》かではないが
僧《そう》という職業上《しょくぎょうじょう》 多《おお》くの人の 死《し》に目《め》に接し
また若《わか》いころから旅《たび》を して経験《けいけん》を積《つ》み多《おお》くの 書物《しょもつ》を読《よ》んできた 彼《かれ》である
経《きょう》はワシが 唱《とな》えておこう
今度《こんど》の検視は 変《か》わった お人《ひと》だなあ
できる…
フム
ワシは良《よ》い 拾《ひろ》いものを したようだ
報告
その豊富《ほうふ》な知識《ちしき》が いつのまにか 鋭《するど》い洞察力《どうさつりょく》を培《つちか》い
他《ほか》の武士には 見《み》えないものが 見えるようになって いたのかもしれない
その能力《のうりょく》を高《たか》く 評価《ひょうか》した家康により
甚平は 駿河町奉行《するがまちぶぎょう》に 大抜擢《だいばってき》された
ええっ
禄高《ろくだか》500石《こく》の 大出世《だいしゅっせ》である

……
あの… お答《こた》えをする前《まえ》に妻《つま》と相談《そうだん》させていただきたいのですが
構《かま》わないが
?
変《か》わった男《おとこ》だ…
恐妻家かなーって
今度《こんど》の奉行職の件《けん》だが
そなたにひとつ頼《たの》みがある
渋川邸
わしが町奉行になったら
今後一切《こんごいっさい》わしのやることに口《くち》を出《だ》さないでもらいたい
お前《まえ》がそれを承知《しょうち》してくれたら
このお役目《やくめ》をお引《ひ》き受《う》けしようと思《おも》う
ええ…わかりましたとも
何《なん》でそんなことを聞《き》くのかしら
ではこれより城《しろ》に戻《もど》りお引き受けすると申《もう》し上《あ》げてこよう
あらお待《ま》ちを袴《はかま》の後《うし》ろがねじれて…
正しい
それがいかんというのだーっ

古来《こらい》より妻や家族《かぞく》が夫《おっと》の仕事《しごと》に口《くち》を出《だ》したために役人《やくにん》が堕落《だらく》した例《れい》は数限《かずかぎ》りなくある
わ、私はそのようなことは…
オロオロ
そなたにその気《き》がなくとも
罪人《ざいにん》は厳《きび》しい罰《ばつ》を逃《のが》れるためにワシの家族《かぞく》であるそなたを脅《おど》したり弱《よわ》みにつけこんでワシを取《と》り込《こ》もうとするかもしれぬ
！
それでもワシはそなたの身《み》をかえりみず公平《こうへい》な裁決《さいけつ》をせねばならんだろう
…
人《ひと》を裁《さば》くとはそれくらい危険《きけん》な仕事《しごと》なのだ
それをわかってほしかった
はい…
こうして渋川甚平は駿河町奉行に就任《しゅうにん》し
名《な》も板倉勝重《いたくらかつしげ》に改《あらた》めた
家康が見《み》こんだとおり勝重は判官《はんがん》としてみるみる才能《さいのう》を発揮《はっき》した
駿河町奉行の後《あと》小田原《おだわら》奉行・関東《かんとう》地割《ちわり》奉行さらに江戸《えど》町奉行《ぶぎょう》※を兼任《けんにん》
禄高《ろくだか》も1000石《こく》となった
※江戸町奉行所はその後南町奉行所と北町奉行所に分かれて多くの時代劇に登場するが、勝重がその初代奉行である。
1601年※
勝重《かつしげ》は京都町奉行を経《へ》て京都所司代《しょしだい》になる
※慶長6年
禄高も1万6千石となり、ついに大名格《だいみょうかく》となった
京都所司代とは…

京都所司代とは
京都の護衛《ごえい》、禁中公家《きんちゅうくげ》の観察《かんさつ》、連絡《れんらく》
京都町奉行、奈良《なら》町奉行、伏見《ふしみ》町奉行の統括《とうかつ》
京都周辺《しゅうへん》8ヵ国《こく》の天領《てんりょう》の訴訟処理《そしょうしょり》
西国大名《さいこくだいみょう》の監察《かんさつ》など
京都とその周辺《しゅうへん》の行政《ぎょうせい》と司法《しほう》とを兼務《けんむ》する重要《じゅうよう》な役職《やくしょく》だった
さらに豊臣《とよとみ》の権威《けんい》はまだまだ健在《けんざい》で
公家《くげ》も町民《ちょうみん》も徳川の支配《しはい》に反感《はんかん》を持《も》つものも多《おお》かった
フン
田舎モン
東国のヤバンジン
この難問山積《なんもんやまづ》みの京都一帯《いったい》を取《と》りしまる権力《けんりょく》を家康は全幅《ぜんぷく》の信頼《しんらい》を置《お》く勝重一人に預《あず》けたのだった
エピソードその①
貧《まず》しい旅人《たびびと》が空腹《くうふく》に耐《た》えかねて瓜《うり》を買《か》ったが、財布《さいふ》を失《な》くしていたため代金《だいきん》が払《はら》えず訴《うった》えられた
おいしい瓜あります
それを聞《き》いた勝重は
今《いま》は忙《いそが》しくて裁判《さいばん》ができぬ
そなたの家でその犯人《はんにん》を監視《かんし》し一日二食《いちにちにしょく》与《あた》えて見張《みは》りをつけよ
ははっ
しかし所司代からは待《ま》てど暮《く》らせど音沙汰《おとさた》はなく…
これでは見張り代《だい》も食事代《しょくじだい》もかかって仕方《しかた》がない
耐《た》えかねて所司代に行《い》くと
実《じつ》はあの程度《ていど》の裁《さば》きすぐにできたのだ
は?

貧しき者あらば
施《ほどこ》してやるのが
人《ひと》の道《みち》
それをたかが
瓜一つで首《くび》を
刎《は》ねよとは
何事《なにごと》か!
ははーッ
そなたたちに功徳《くどく》を
積《つ》ませるため
わざわざ養《やしな》わせて
おいたのだ
こうして貧しき者は
無罪放免《むざいほうめん》となった
エピソード②
時《とき》の天皇後水尾帝《てんのうごみずのおてい》は
反《はん》徳川で有名《ゆうめい》で
キャー
所司代への当《あ》て
つけもあって
夜《よ》な夜な
御所《ごしょ》を出《で》て
遊《あそ》び歩いていた
フン
帝《みかど》にも
困《こま》ったものだ
下手《へた》に
忠告《ちゅうこく》したら幕府が
朝廷《ちょうてい》に介入《かいにゅう》した
ことになる
だからと言《い》って
放置《ほうち》していては
幕府のメンツ
にも関《かか》わるぞ
わしに
任《まか》せておけ
勝重は帝に
謁見《えっけん》し
近頃《ちかごろ》帝の名《な》を
騙《かた》り夜中《よなか》に市中《しちゅう》を
うろつく輩《やから》が
おるようです
ですので
今度見《こんどみ》つけたら即座《そくざ》に
射殺《しゃさつ》するように命《めい》じて
おきました
ひぃっ
帝の夜遊《よあそ》びは
ぴたりと止《や》んだ
という…
エピソード③
「大坂《おおさか》の陣《じん》」の直前《ちょくぜん》
豊臣側の重臣《じゅうしん》
大野治長《おおのはるなが》が
大坂の港《みなと》に兵《へい》を送《おく》り
大量《たいりょう》の米《こめ》を兵糧用《ひょうろうよう》に
差《さ》し押《お》さえた
ところが
徳川側の5万石の
米も一緒《いっしょ》に差し
押《お》さえてしまった
あれ
この
船は…
どうしましょう
武力《ぶりょく》で米を
奪《うば》い取《と》りますか
…まあ待《ま》て

勝重は治長に書状《しょじょう》を送り
あんなわずかな米まで狙《ねら》われるとはさぞ大坂城の兵糧は乏《とぼ》しいのでしょうな何《なん》ならうちに余《あま》っている年貢米《ねんぐまい》をお分《わ》けしましょう
ばっ…
城中《じょうちゅう》に兵糧はあふれておる
たまたま徳川の米とは知《し》らず差《さ》し押《お》さえてしまっただけじゃ
と言《い》ってあわてて返《かえ》してきたという
そんなこといってたけ？
なあ
若《わか》き日《ひ》に禅《ぜん》の精神《せいしん》を学《まな》んだ勝重は
あくまで善意《ぜんい》の人《ひと》であった
将軍家《しょうぐんけ》に命《めい》ぜられてやむなくキリスト教《きょう》を弾圧《だんあつ》したが
江戸
京都
キリシタンらにはできうる限《かぎ》り人道的《じんどうてき》で穏便《おんびん》な処置《しょち》を取《と》り
その姿勢《しせい》は宣教師《せんきょうし》たちにも感銘《かんめい》を与《あた》えた
幕府の代理人《だいりにん》として常《つね》に朝廷《ちょうてい》からの批判《ひはん》の的《まと》になりつつも
アリガトー
本店
支店
幕府と公家《くげ》の間《あいだ》の溝《みぞ》が深《ふか》まらぬよう気《き》を配《くば》った
「大坂の陣」で
豊臣側につくと思われていた朝廷・公家が
中立《ちゅうりつ》の立場《たちば》を取《と》ったのも
勝重の人柄《ひとがら》によるところが大《おお》きかったと言《い》われている
トクガワは気にいらんけど
カツシゲはんのためならなぁ
なぁ
ある人《ひと》が勝重に
奉行職に必要《ひつよう》な心構《こころがま》えとは何《なん》でしょうか
と尋《たず》ねたところ

ワイロを受《う》け取《と》らないことですな
受け取れば必《かなら》ず私情《しじょう》が入《はい》る
人を裁いて恨《うら》まれること無《な》きを願《ねが》うのなら
無欲《むよく》になることです
…と答《こた》えたという
1624年※4月29日京都堀川《ほりかわ》の邸《やしき》にて没《ぼっ》す享年《きょうねん》80（83とも）
遺骸《いがい》はかつて勝重が住持《じゅうじ》をしていた※三河国中島へ送《おく》られ菩提寺《ぼだいじ》と定《さだ》めた長圓寺《ちょうえんじ》に葬《ほうむ》られた
※寛永元年
勝重の死《し》を知《し》って淀《よど》、鳥羽大津《とばおおつ》、伏見《ふしみ》など4～5里《り》を隔《へだ》てた人々までもが50日あるいは100日の喪《も》に服《ふく》したという
※長圓寺は後に現在の西尾市貝吹町に移転される。
愛知県西尾市《あいちけんにしおし》長圓寺《ちょうえんじ》
板倉家は後《のち》に六家《ろっけ》に分かれ大名《だいみょう》・旗本《はたもと》として幕末《ばくまつ》まで続《つづ》いたが
歴代当主夫妻《れきだいとうしゅふさい》は必《かなら》ずここに葬《ほうむ》られた
墓所《ぼしょ》の入口《いりぐち》にある手水盤《ちょうずばん》は
息子《むすこ》の重宗《しげむね》が父《ちち》の七回忌《しちかいき》に際《さい》し奉納《ほうのう》したもので
文化人《ぶんかじん》でもあった勝重と親交《しんこう》のあった本阿弥光悦《ほんあみこうえつ》が寄《よ》せた書《しょ》が刻《きざ》まれている
激動《げきどう》の時代《じだい》の中《なか》安穏《あんのん》とした生活《せいかつ》を捨《す》て多《おお》くの人々《ひとびと》を救《すく》った板倉勝重
今ようやく望《のぞ》み通《どお》りの静寂《せいじゃく》のくらしを手《て》に入《い》れたのだった
肖影堂（県指定文化財・写真手前）
勝重を祀る廟所。板倉家墓所の中心に位置する。
内部にある勝重の等身大木像の中に遺骨が安置されている。『肖影堂』の扁額は石川丈山の筆になる。
≪参考文献≫「寛政重修諸家譜」「藩翰譜」「名称言行録」「参河志」 図録「特別展・長圓寺の名宝」西尾市岩瀬文庫 「板倉勝重公傳上・下」（川路和夫）「板倉勝重公と長圓寺」（長圓寺） H25年西尾市中央ふれあいセンター後期講座「続・歴史散歩第四回 長圓寺の謎」（レジュメ）「家康名臣伝」（童門冬二／東洋経済新報）

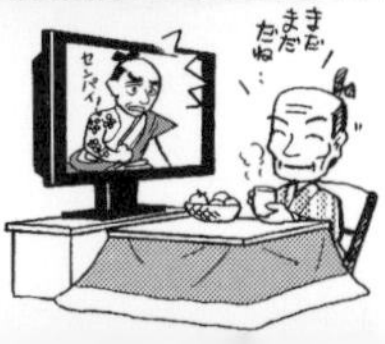

板倉勝重　その他のエピソード集

後継者の選び方

家康《いえやす》が勝重《かつしげ》の2人の息子、重宗《しげむね》と重昌《しげまさ》にわざと難しい裁判を与え、その裁定を行わせたことがあった。次男重昌は即座に明快な裁決を行った。一方長男重宗は思案し、2〜3日後に登城して裁断を述べたが、2人の判決は同じ内容であった。人々は即座に裁決した次男を優秀だと判断し褒めた。

しかし家康からその話を聞いた勝重は、「裁断はその一言が数千人の民の迷惑や喜びにつながるもの。長男はその大事さを心得てよく考えましたが、次男はお役に立ちません」

と長男のほうを評価した。その後、辞職を願い出た勝重は後継者について2代将軍から尋ねられたとき、

「ふさわしい人物についてはだれかほかの人にお尋ねになるべきです。ですがあえて推薦しろと仰るならわが長男重宗でしょう。彼は(たとえ妻が密通しても激怒して)姦夫の首を切るような男ではありません」

と言った。

果たして重宗は父に勝るとも劣らぬ名奉行として名を残したのだった。

朝廷との関係

1608（慶長13）年、宮中に仕える御《お》局《つぼね》たちが内裏を忍び出て、公家衆や武士たちと密会を重ねていたことが露見した。これに天皇は激怒し、勅使をもって京《きょう》都《と》所《しょ》司《し》代《だい》に全員死罪の裁定を下すよう要請した。

しかし勝重はそのような処罰を下してしまうと、公家と幕府との間の溝は深まるばかりであると考え、慎重な取り調べを重ね、自らも駿府《すんぷ》に赴き家康と十分協議した。結果、九州に逃れていた一人を死罪にした以外は被告人の多くを流罪にするにとどめたのであった。

こうした勝重の数々の努力が「大坂《おおさか》の陣《じん》」での朝廷の姿勢に反映したのは言うまでもない。

国を治める方法

池田光政《いけだみつまさ》（池田輝政《てるまさ》の孫。後に姫路藩《ひめじはん》などを治め名君と呼ばれた）が14才の頃、晩年の勝重に会い、国を治める方法を尋ねたという。光政の聡明さを前々から聞いていた勝重は

「丸いひしゃくで重箱の中の味噌をすくうようになされませ」

と答えた。

「そのようなことをすれば重箱の隅に味噌が残ってしまうと思うが」

勝重は笑って言った。

「私は戦国の世に生まれ歴戦の勇士は多く見てきたが、あなたのような聡明な方は見たことがない。ゆえにあまりにも物ごとの白黒をはっきりつけすぎるのではないかと憂い、こう申し上げたのです」

大国を治めるには人々の些細な過失には目をつぶるのも大切、とベテラン奉行は忠告したのである。

借りたものを返さない人に対して

山伏《やまぶし》がある家に宿を借りた。その家の亭主が出かけるときに、山伏の刀を一時拝借した。外へ出てみるとたまたま徳政令《とくせいれい》（借金に苦しむ武士の救済のために出される、負債を帳消しにする法令）が発布されたとの札が立っていた。

亭主はこれを口実に山伏に刀を返そうとしない。困った山伏が奉行所に訴え出た。勝重は

「徳政令によって借りた刀が亭主のものになるのならば、同じように山伏が借りた家も山伏のものにするべきであろう」

と言い、亭主は自分の非を山伏に詫び、刀を返したのだった。

このような勝重の名奉行ぶりを表す逸話は多く残されているが、中国の裁判説話集などを基にしたものなどもありすべてが真実とは言いがたい。記録に残る実際の勝重の裁判はもっと過酷で厳格だったらしい。

板倉勝重　ゆかりの地

①万燈山長圓寺《まんとうざんちょうえんじ》（愛知県西尾市貝吹町《かいふく》）

勝重は自分が修行した永安寺《えいあんじ》を再建して長圓寺と改名。その後長男重宗《しげむね》によって現在の地へ移転整備した。

板倉家墓所には大名や領主となった子孫たち板倉六家の当主すべてとその夫人、娘らの墓石約90基があり、勝重の墓でもある霊廟（肖影堂）を囲むように立っている。

②京都所司代上屋敷跡《きょうとしょしだいかみやしきあと》（京都府京都市中央区丸太町）

現代では石碑と案内板があるのみだが、所司代屋敷自体は二条城《にじょうじょう》北一帯の広大な敷地だったという。明治《めいじ》になってこの地には日本最初の中学校、京都第一中学校が建てられた。

③永安寺址《えいあんじあと》（岡崎市中島町町後）

勝重が若い頃修行を積み、住持《じゅうじ》をしていた寺があった所。現代では稲荷堂《いなりどう》が立っているのみ。

④鎧ケ淵古戦場《よろいがふちこせんじょう》（愛知県西尾市善明町《ぜんみょう》）

１５６１（永禄４）年、「善明堤《ぜんみょうづつみ》の戦い」が行われたという場所で、深溝松平好景《ふこうずまつだいらよしかげ》（家忠《いえただ》の祖父）と家臣板倉好重《よししげ》（勝重の父）がこの戦いで戦死したとされる。このときには板倉家の親族21人も全員戦死したという。

しかし、最近の研究では松平好景と板倉好重は通説より5年早い１５５６（弘治２）年の戦闘で戦死したという説が有力である。また戦いも松平元康《もとやす》対今川《いまがわ》ではなく、今川対吉良《きら》で、松平好景らは今川方の武将であった可能性が高いとされる。

もうひとりの生涯《しょうがい》無傷《むきず》の勇将《ゆうしょう》

大《おお》久《く》保《ぼ》忠《ただ》佐《すけ》

生涯《しょうがい》無傷《むきず》の武将《ぶしょう》といえば
言《い》うまでもなく徳川《とくがわ》四天王《してんのう》本多忠勝《ほんだただかつ》！
…であるが
徳川家臣《かしん》にはもうひとり生涯多《おお》くの戦《たたか》いに参加《さんか》して一度《いちど》も傷《きず》を負《お》わなかった武将《ぶしょう》がいる
えっ
というのをご存《ぞん》じだろうか
武勲《ぶくん》を上《あ》げながらも無傷《むきず》であるということは乱戦《らんせん》の中《なか》でも攻《せ》め際《ぎわ》引《ひ》き際《ぎわ》を冷静《れいせい》に見極《みきわ》める
天性《てんせい》の勘《かん》を備《そな》えた人物《じんぶつ》ということができるだろう
その人物《じんぶつ》こそ今回取《こんかいと》り上《あ》げる大久保忠佐《おおくぼただすけ》（1537～1613）
兄《あに》大久保忠世《ただよ》とともに徳川十六神将《じゅうろくしんしょう》にも名《な》を連《つら》ねる勇将《ゆうしょう》である
兄の忠世《ただよ》です

三河武士《みかわぶし》の中《なか》でも
大久保氏は
古《ふる》くから松平氏《まつだいらし》に
仕《つか》える家柄《いえがら》である
（安城譜代七家《あんじょうふだいしちけ》の
うちの一つ）
岡崎市上和田町にある
「大久保氏一族発跡地」
の碑
忠佐の祖父《そふ》
大久保忠茂《ただしげ》は
年若《としわか》い主君《しゅくん》・松平清康《まつだいらきよやす》
（家康《いえやす》の祖父《そふ》）のため
山中城攻略《やまなかじょうこうりゃく》を成功《せいこう》させ
忠茂《ただしげ》
清康《きよやす》
岡崎《おかざき》の市場《いちば》の管理《かんり》
（升取《ますど》り）を任《まか》され
岡崎城《おかざきじょう》が栄《さか》える
礎《いしずえ》を築《きず》いた
※本書「松平信定」の章を参照
忠茂《ただしげ》の子《こ》
大久保忠俊《おおくぼただとし》は
幼君松平広忠《ようくんまつだいらひろただ》（家康《いえやす》の父《ちち》）が
大叔父松平信定《おおおじまつだいらのぶさだ》に
よって岡崎城《おかざきじょう》を
追《お》われたとき
忠俊《ただとし》
広忠《ひろただ》
松平信定《まつだいらのぶさだ》
密《ひそ》かに準備《じゅんび》して
信定《のぶさだ》を追放《ついほう》し
広忠《ひろただ》を岡崎城《おかざきじょう》に
入城《にゅうじょう》させた
※系図上では10人兄弟だが、早死した者もおり実際にはこのように揃ったことはない。
忠俊《ただとし》の後《あと》を継《つ》いだのが
甥《おい》の大久保忠世である
忠俊《ただとし》
改め常源《じょうげん》
いとこたよー
忠俊の息子は8人
OKB10
オオクボ
忠世《きょうだい》の兄弟は
全部《ぜんぶ》で10人※
忠世《ただよ》
忠佐《ただすけ》
忠包《ただかね》
忠寄《ただより》
忠核《ただざね》
忠為《ただため》
忠長《ただなが》
忠教《ただたか》
忠元《ただもと》
九平次
松平《まつだいら》の危機《きき》を
何度《なんど》も救《すく》って
きたという譜代《ふだい》
家臣《かしん》の矜持《きょうじ》と
主君《しゅくん》のためなら
いかなる危機《きき》にも
一致団結《いっちだんけつ》して
立《た》ち向《む》かう結束力《けっそくりょく》
それが
大久保党《とう》であった
そして
その兄弟《きょうだい》の中《なか》で
長兄《ちょうけい》忠世とともに
後世《こうせい》に名《な》を残《のこ》したのが
武芸《ぶげい》に秀《ひい》でた次兄《じけい》と
文学《ぶんがく》好《ず》きな8番目《ばんめ》の
弟《おとうと》忠教（彦左衛門《ひこざえもん》）
であった

忠世が当主《とうしゅ》になったころの岡崎は
主君《しゅくん》家康が長年《ながねん》の人質生活《ひとじちせいかつ》から戻《もど》ってきたものの
その地盤《じばん》はまだまだ不安定《ふあんてい》であった
※実際には反家康勢力と家康側との争いであり、一向宗がメインとなる戦いではなかった。
家康が岡崎に帰《かえ》ってきてからしばらくして
家臣《かしん》たちを真《ま》っ二《ぷた》つにした「三河一揆《みかわいっき》」が勃発《ぼっぱつ》する
御仏《みほとけ》か
家康か!
多《おお》くの家臣は
寺《てら》と家康様どっちにつく…?
仕方《しかた》がない一族《いちぞく》で敵味方《てきみかた》に別《わか》れるか
主君《しゅくん》の恩《おん》は一代限《いちだいかぎ》りだが仏《ほとけ》の恩《おん》は永遠《えいえん》だ
しかし大久保党《おおくぼとう》は
今《いま》こそ殿《との》をお救《すく》いする時《とき》ぞ!
ウオオオ
わしら法華宗《ほっけしゅう》じゃ一向宗など関係《かんけい》ない!
一族全員《いちぞくぜんいん》が家康側《がわ》についたのである
「上和田砦《かみわだとりで》の戦《たたか》い」では
大久保党《おおくぼとう》は100騎《き》ばかりで一揆軍《いっきぐん》と戦い
忠世はじめ何人《なんにん》も深手《ふかで》を負《お》いながら誰《だれ》も寝返《ねがえ》らなかった
そして
一揆が終息《しゅうそく》に向《む》かうころ
大久保は家康を説得《せっとく》し一揆側の者《もの》が再《ふたた》び家康陣営《いえやすじんえい》に戻《もど》れるように尽力《じんりょく》した
こいつらゆるすの…?

忠佐もそんな大久保の気風《きふう》の中《なか》で多《おお》くの手柄《てがら》を立《た》てた
「掛川城攻《かけがわじょうぜ》め」「姉川《あねがわ》の戦《たたか》い」「三方《みかた》ヶ原《がはら》の戦《たたか》い」
忠佐は兄忠世とともに常《つね》に家康の行《い》くところに従《したが》い徳川軍の中核《ちゅうかく》を成《な》す将《しょう》となっていった
初陣早々《ういじんそうそう》「蟹江七本槍《かにえしちほんやり》」の一人《ひとり》に名《な》を連《つら》ね「福谷《うきがい》の戦《たたか》い」では柴田勝家《しばたかついえ》と戦《たたか》いこれを追《お》った
家康もまた忠佐を重《おも》んじた
ある戦《たたか》いの後《あと》のこと
ガッ
うっ
わ
な、何《なに》をする──！
忠佐は新参者《しんざんもの》の浪人《ろうにん》たちに合戦《かっせん》で討《う》ち取《と》ったばかりの首《くび》を取《と》られてしまった
榊原康政《さかきばらやすまさ》の配下《はいか》であったその浪人たちは
さも自分《じぶん》たちが取《と》った首であるかのように家康に見《み》せていた
浄土
殿！
それは私《わたし》が取《と》った首《くび》
その新参者どもは盗人《ぬすびと》でございます
ザッ
求浄土
何《なに》っ
しょ…
証拠《しょうこ》があるのか

その者たちは
こちらの旗色《はたいろ》が良《い》いからお味方《みかた》に入《はい》った者で
ございましょう
しかし譜代《ふだい》は「お家《いえ》の犬《いぬ》」として
どんなに時の運《うん》が悪《わる》い時でも
決《けっ》して殿から離《はな》れたことはございません
私とその者たちと
どちらの言葉《ことば》を
お信《しん》じなさいますか
殿っ!
なッ何《なん》だ!
やっぱり証拠《しょうこ》がないんじゃないか
…
忠佐
わかっておる
家康は忠佐のほうを信《しん》じた
すたこらさ
ちっ
あっ
浪人《ろうにん》たちはその場《ば》にいられず
どこかへ消《き》えてしまったという
そんな忠佐の名《な》を天下《てんか》に知《し》らしめる
戦《たたか》いが起《お》きる
天下分《てんかわ》け目《め》の「長篠《ながしの》・設楽原《したらがはら》の戦い」
である
馬防柵《ばぼうさく》か…
たしかに
この中《なか》にいれば
安全《あんぜん》だろう
しかし
このたびの戦《いくさ》は
徳川《との》が主役《しゅやく》!
織田《おだ》の援軍《えんぐん》に
先陣《せんじん》を切《き》らせる
わけにはいきませぬ
うむ
大久保兄弟《きょうだい》は
家康の許《ゆる》しを
得《え》て
馬防柵の
はるか前面《ぜんめん》に出て
戦《たたか》うことにした

忠世と忠佐は先陣《せんじん》を切《き》って武田軍《たけだぐん》の山県隊《やまがたたい》にぶつかっていった
2人は大勢《おおぜい》の兵《へい》を自在《じざい》にあやつり
敵《てき》がひけば押《お》し押《お》せば引《ひ》き見事《みごと》な采配《さいはい》を見《み》せた
あの山県隊を相手《あいて》に戦《たたか》っている
金《きん》の揚羽《あげは》と浅黄《あさぎ》の石餅《こくもち》の旗指物《はたさしもの》の指揮官《しきかん》は何者《なにもの》じゃ
徳川殿にお聞《き》きしたところ
あれは徳川家中《かちゅう》の大久保忠世と忠佐の兄弟《きょうだい》
とのことです
ほう
さても徳川殿はよい家臣《かしん》をもったものじゃ
敵《てき》にぴったりくっついて離《はな》れぬ
まるで良《よ》き膏薬《こうやく》のような将たちじゃ
信長は戦《いくさ》の後《あと》2人に手《て》ずから衣服《いふく》を与《あた》えてその働《はたら》きを賞賛《しょうさん》した
その後《あと》も信長は徳川軍に合流《ごうりゅう》するたびに
「長篠のヒゲ」は今日《きょう》も来ておるか
はっ…
と声《こえ》をかけ忠佐は大《おお》いに面目《めんもく》をほどこしたのだった

やがて時《とき》は流《なが》れ…
家康の関東移封《かんとういほう》により忠佐は上総茂原《かずさもばら》5千石を拝領《はいりょう》
兄忠世は小田原《おだわら》4万石を拝領した
さらに「関ケ原《せきがはら》の戦い」の後《あと》忠佐は沼津《ぬまづ》2万石《まんごく》に移封・加増《かぞう》
江戸
小田原
沼津
大久保家は兄弟2人が大名格《だいみょうかく》になったのである
※忠世は1594（文禄3）年に死去し、その子忠隣が後を継いだ。
沼津城主《じょうしゅ》となった忠佐は
荒《あ》れ地《ち》を切《き》り開《ひら》き田畑《たはた》を拡大《かくだい》し生産《せいさん》を増《ふ》やすことに力《ちから》を尽《つ》くした
駿河国内《するがこくない》の徳川家臣《かしん》の中《なか》で最初《さいしょ》に検地《けんち》を行《おこな》い
また黄瀬川《きせがわ》の上流《じょうりゅう》に堰《せき》を作《つく》らせ
川下八ケ村《かわしもはっかそん》の農民《のうみん》に丁場《ちょうば》を分担《ぶんたん》させ灌漑工事《かんがいこうじ》を行《おこな》わせた
忠佐の作《つく》った堰《せき》は「牧堰《まきぜき》」と言《い》われ
元禄《げんろく》の頃《ころ》には15ケ村《かそん》の農業用水《のうぎょうようすい》となって
江戸時代《えどじだい》を通《つう》じ沼津に豊《ゆた》かな収穫《しゅうかく》をもたらしたのだった
その一方《いっぽう》で忠佐は感《かん》じていた
天下《てんか》が平和《へいわ》になるにしたがい家康《いえやす》が自分《じぶん》のような古《ふる》くからの三河譜代《みかわふだい》を遠《とお》ざけ新《あたら》しく入《はい》った行政手腕《ぎょうせいしゅわん》に長《た》けた者《もの》たちを重《おも》んずるようになっていることを
小判

忠世の兄上も すでに亡《な》く
兄弟たちも 何人《なんにん》も戦死《せんし》した
残《のこ》った 我《われ》らは 居場所《いばしょ》を 失《うしな》い
大久保党の 活躍《かつやく》も 忘《わす》れられ つつある…
ならば これまで殿《との》に お仕《つか》えして いたのと同《おな》じ 心意気《こころいき》で
わしは残《のこ》りの 人生《じんせい》を この沼津《ぬまづ》を 豊《ゆた》かにするのに 捧《ささ》げようでは ないか…
ところが
忠兼《ただかね》！
年老《としお》いた忠佐を 不幸《ふこう》が襲《おそ》う
長年男子《ながねんだんし》に 恵《めぐ》まれず 60才を過《す》ぎて やっと授《さず》かった 一人息子《ひとりむすこ》の忠兼《ただかね》が
忠佐《ただすけ》より早《はや》く わずか15才で この世《よ》を去《さ》った のであった
忠佐は自分《じぶん》の 陣羽織《じんばおり》と能衣装《のういしょう》で 袈裟《けさ》を作《つく》り
忠兼の冥福《めいふく》を祈《いの》るために 寺《てら》に寄進《きしん》した
忠佐は ひとりに なった
私《わたし》が兄上の 養子《ようし》に？

忠佐は
弟《おとうと》の忠教《ただたか》を呼《よ》び
彼《かれ》を養子《ようし》にし 沼津2万石を 継《つ》がせようとした
しかし
せっかくですが お断《ことわ》りします
何《なに》っ
沼津2万石は兄上の 武功《ぶこう》で得《え》られたもの
他人《たにん》の功で 得《え》た所領《しょりょう》は いただくことは できません
兄上
しかし 他家《たけ》でも やっていること ではないか
それは兄上の 取《と》った敵将《てきしょう》の 首《くび》で
恩賞《おんしょう》をもらえと 私に仰《おっしゃ》っている ようなものです
世間《せけん》がどうあれ われら 大久保党は
世渡《よわた》りの うまい人間《にんげん》の 真似《まね》は できませせぬ
…そうか
我《われ》らが 栄《さか》えるのも 滅《ほろ》びるのも
すべては 大久保党の 頑固《がんこ》さの なせるわざか…

こうして息子の死《し》の翌年《よくねん》
忠佐も死《し》んだ
享年《きょうねん》77
跡継《あとつ》ぎがいなかったため
沼津2万石は取《と》り潰《つぶ》しとなった
やがて
忠世の息子《むすこ》
忠隣《ただちか》も政争《せいそう》に負《ま》けて
失脚《しっきゃく》・改易《かいえき》
大名家としての
大久保氏は
断絶《だんぜつ》した
兄上
兄上たちのことは
私が必《かなら》ず…
その後《ご》
忠教は
『三河物語《みかわものがたり》』を
著《あらわ》し
忠世・忠佐の活躍《かつやく》と
大久保党の心意気《こころいき》を
後世《こうせい》に伝《つた》えた
三河物語
三河物語
守《まも》る者《もの》の
いなくなった
忠佐の墓《はか》は
彼《かれ》を慕《した》う家臣たち
によって細々《ほそぼそ》と
守《まも》られた
※「道喜」は忠佐の法名
それはやがて
「道喜塚《どうきづか》」※と
呼《よ》ばれるようになり
現在《げんざい》の沼津第一小学校《だいいちしょうがっこう》の
校庭《こうてい》の片隅《かたすみ》にその場所《ばしょ》を
示《しめ》す石碑《せきひ》がある
華《はな》やかな前半生《ぜんはんせい》と相反《あいはん》して
孤独《こどく》のうちに死《し》んでいった
忠佐の墓《はか》は
多《おお》くの人々《ひとびと》の
手《て》によって
守《まも》られ続《つづ》け
今《いま》は賑《にぎ》やかな
子供《こども》たちの声《こえ》を
聞《き》きながら
沼津を作《つく》った
恩人《おんじん》として
眠《ねむ》っている

「大久保忠佐の墓」跡
かつて忠佐の墓「道喜塚」が移されたとされる場所。戦前までは毎年「魂祭」とよばれる供養祭が行われ、忠佐の供養とともに戦没者やその年になくなった教職員児童の供養が行われていた。

≪参考文献≫「寛政重修諸家譜」「藩翰譜」「三河物語」(大久保忠教)「小田原城主大久保忠世・忠隣」(三津木國輝／小田原文庫)「大久保忠佐についての覚書」(松村由紀／沼津史談 66 号)「100 年の追憶・創立 100 周年記念誌」(沼津第一小学校)「歴史と旅」昭和 53 年 9 月号・特集「家康と徳川十六神将」(秋田書店) 講演会「長篠合戦と大久保忠世・忠佐」(平山優レジュメ) ほか

※取材協力・資料提供 松村由紀様(沼津史談会)

大久保忠佐　その他のエピソード集

忠佐の厳しい裁き

本文中にもあるように、忠佐《ただすけ》は1613（慶長18）年に嫡男忠兼《ただかね》を病で失う。しかし同じころ忠兼の乳母が密通（不倫）を犯していたことが発覚した。忠佐は激怒し、乳母は処刑されることになった。

乳母は全裸で馬に乗せられ、処刑の前に三枚橋《さんまいばし》城下を引き廻された。人々が気の毒そうに見守る中、沼津宿本陣《ぬまづじゅくほんじん》の清水助左衛《しみずすけざえ》門尉《もんのじょう》という者が前に進み出て、自分の羽織を脱いで彼女に着せてやった。

彼女は、

「この御恩は生まれ変わっても決して忘れません」

と涙を流して感謝したという。

やがてこの話を耳にした忠佐から清水に呼び出しが来た。さては殿様からのお咎めかと清水が出頭すると、意外にも忠佐は彼の憐憫の情を褒め、

「今後は城の内外にかかわらず、思うことがあれば遠慮なく申し出よ」

と衣服を与えた。

乳母ははりつけにされたが、その遺骸は清水によって引き取られ、子持川《こもちがわ》の近くに埋葬された。この埋葬場所には大きな石が置かれ、やがてこの石を誤って踏むと瘧《おこり》（マラリア性の熱病）を病み、参詣すれば瘧が治ると言い伝えられるようになった。

1920（大正9）年にこの石は今の西《さい》光寺《こうじ》の墓地に移され、現在も清水家によって供養されているという。一見厳しすぎる処罰に思えるが、これは忠佐が戦国の荒々しい気風を持つ人間だったということであろうか。

なおこの1年後には忠佐の長男忠兼《ただかね》も他界する。おそらくこの時すでに病身であった忠兼は乳母の死を知らされていたのであろうか。知っていたら父の裁きをどう感じたのだろう。

忠佐の駕籠かきをしていた？意外な有名人

金地院崇伝《こんちいんすうでん》が幕府の公文書を写した「異国日記」によると、シャム（現在のタイ）で日本人義勇兵を率いた山田長政《やまだながまさ》は1607（慶長12）年頃に沼津藩主大久保忠佐の6尺（＝駕籠かき）をしていたという。

6尺（＝約180センチ）の名は担ぎ手の身長に由来するといわれ（諸説あり）、大名のお抱えの駕籠かきともなれば立派な体躯だったことが伺える。山田長政は大男だったのかもしれない。また6尺（力者、陸尺とも書く）は武家に仕える雑役奉公人を指すこともあるという。

大久保忠佐　ゆかりの地

① 大久保氏一族発跡地碑《おおくぼしいちぞくはっせきちひ》
（愛知県岡崎市上和田町）

大久保氏の屋敷があったところに立つ。現在は上和田《かみわだ》公民館の敷地内。近くには和

田城用心壕跡の石碑や三河一向一揆の和議が行われた浄珠院《じょうじゅいん》もある。

②妙国寺《みょうこくじ》（愛知県岡崎市宮地町）

大久保一族ゆかりの寺。大久保氏の先祖宇都宮泰藤《うつのみやすふじ》の墓や大久保家遠祖供養塔が立っている。

③海雲山長福寺《かいうんざんちょうふくじ》（愛知県岡崎市竜泉寺町）

大久保一族の菩提寺の法華宗陣門流寺院。創建時は天台宗寺院だった。寺から南へ約500メートル先には大久保彦左衛門忠教《ただたか》はじめ忠茂《ただしげ》、忠俊《ただとし》、忠員《ただかず》など一族の墓所がある。

④設楽原古戦場《したらがはらこせんじょう》（愛知県新城市八束穂）

「長篠《ながしの》・設楽原《したらがはら》の戦い」が行われた地。忠世・忠佐がいたのは南の竹広（激戦地）あたりとされる。現在馬防柵が一部再現されている。

⑤三枚橋城址《さんまいばしじょうし》（沼津城《ぬまづじょう》）（静岡県沼津市大手町他）

忠佐が封ぜられた2万石の城。現在では本丸跡は公園となっている。沼津リバーサイドホテルの玄関付近には発掘された石垣が展示保存されている。また沼津第一小学校校内にも石垣の一部が保存されている。

⑥牧堰《まきぜき》（静岡県沼津市北小林）

鮎壺の滝の上流300メートルにある、黄瀬川の水を分水するための堰。忠佐が農地生産力増大策の一環として作らせたといわれる。なお当時の堰は毎年灌漑の時期に川に石を積み上げて作られたものだった。

⑦妙伝寺《みょうでんじ》・大久保忠佐《おおくぼただすけ》の墓（静岡県沼津市東間門）

忠佐が生前菩提寺と定めた寺で、沼津市内に二つある忠佐の墓の一つがある。忠佐が使用した陣太刀《じんだち》2振、槍一筋《やりひとすじ》、馬具《ばぐ》三組、大久保家譜《かふ》などを所蔵。

⑧大久保忠佐《おおくぼただすけ》の墓《はか》（沼津第一小学校校内）

沼津城内の忠佐の墓が移されたと伝わる。かつては道喜塚《どうきづか》と呼ばれ墓石のみだったが、1990（平成2）年に本家の小田原大久保氏などによって碑が建てられた。

⑨日枝神社《ひえじんじゃ》（静岡県沼津市平町）

忠佐が1604（慶長9）年、奉納したと伝わる槍の柄と穂先を収蔵。柄は10本すべて現存しているが、穂は戦後米軍によって10本のうち2本が接収され、後年作られた。現在でも9月23日の祭礼に一般公開されている。

⑩西光寺《さいこうじ》・瘧塚《おこりづか》（静岡県沼津市本字宮町）

前述した忠佐の嫡子忠兼の乳母を葬った位置に置かれたとされる石。1920（大正9）年に西光寺の清水家墓地内に移設。

⑪大久保《おおくぼ》の鼻《はな》（大久保山《おおくぼやま》）（静岡県沼津市獅子浜）

かつては海岸まで突き出た山があり、忠佐の時代ここに幕府の林が設置されたといわれる。しかし交通の支障でもあったため、現在では山全体が削り取られ平坦地になった。周辺は有名な釣りスポットとしても知られている。

猛々《たけだけ》しき家康《いえやす》の異母弟《いぼてい》

内藤信成《ないとうのぶなり》

ある日《ひ》
松平家家臣《まつだいらけかしん》
内藤清長《ないとうきよなが》の娘《むすめ》に
あれーっ
主君松平広忠《しゅくんまつだいらひろただ》の
お手がついてしまった
その後《ご》広忠は
その女性《じょせい》を
家臣嶋田景信《かしんしまだかげのぶ》の
妻《つま》として
与《あた》えてしまう
しかし
そのころ
彼女《かのじょ》はすでに
広忠の子《こ》を
身籠《みごも》っていた
そんな事情《じじょう》を抱《かか》えて
この世《よ》に
生《せい》を受《う》けたのが
今回《こんかい》の主人公《しゅじんこう》
内藤信成《ないとうのぶなり》
(1545～1612)
松平広忠とは
言《い》うまでもなく
徳川家康《とくがわいえやす》の父《ちち》であり
即《すなわ》ち彼《かれ》は
家康の腹違《はらちが》いの
弟《おとうと》であった

しかし
嫁《とつ》ぎ先《さき》の嶋田氏《し》では
殿《との》のご命令《めいれい》でそなたを妻《つま》に拝領《はいりょう》したが ワシの身分《みぶん》では殿《との》のお子《こ》をお育《そだ》てする力《ちから》がない
すまんが連《つ》れ子《こ》は…
やむなく彼女《かのじょ》の父《ちち》内藤清長《ないとうきよなが》が養子《ようし》として引《ひ》き取《と》ることになった
お父様…
幸《さいわ》いワシには男子《だんし》がいない後継《あとつ》ぎとして育《そだ》てよう
しかし――
オギャー
次《つぎ》の年《とし》何《なん》とも間《ま》の悪《わる》いことに
清長にも待望《たいぼう》の男子《だんし》が生《う》まれてしまう
すまぬ
やはりそなたを後継ぎにはできん
どうすんのよその子ー
そのかわり他《ほか》は何《なに》一つわが嫡子《ちゃくし》と区別《くべつ》せずに育《そだ》てよう
そなたに武芸《ぶげい》を叩《たた》きこみ一人前《いちにんまえ》の武将《ぶしょう》にしてみせるからな…!
13才になった信成は
駿府《すんぷ》で人質《ひとじち》生活《せいかつ》を送《おく》る松平竹千代《まつだいらたけちよ》（家康）に仕《つか》えることになった

…なるほど 確《たし》かに わが弟じゃ
ハイ！
信成の顔《かお》を見《み》た家康はそう言《い》ったとされるが
信成を松平家の一員《いちいん》に加《くわ》えることも
弟だからと取《と》り立《た》てることもしなかった
…

※家康には広忠の側室の子である兄（松平忠政）と同年の弟（穎新＜えいしん＞）がいたとされるが、この頃は城を出ていた。

松平家の歴史《れきし》は家族《かぞく》・親戚同士《しんせきどうし》の内輪《うちわ》もめの歴史でもある
信忠
信定
清康
義春
信孝
広忠
当主《とうしゅ》の座《ざ》をねらう有力《※ゆうりょく》な兄弟《きょうだい》がいなかった家康はある意味《いみ》幸運《こううん》であった
つまり信成は
どこにいてもやっかい者《もの》
微妙《びみょう》にお荷物《にもつ》という状況《じょうきょう》で育《そだ》った
その出生《しゅっせい》にまつわる噂《うわさ》や顔立《かおだ》ちも
他《ほか》の家臣《かしん》たちから好奇《こうき》の目《め》で見《み》られたであろう
オレが居場所《いばしょ》を見《み》つける方法《ほうほう》はただ一《ひと》つ
生命《いのち》懸《が》けの戦働《いくさばたら》きで忠誠《ちゅうせい》を示《しめ》し
所領《しょりょう》をいただき自分《じぶん》の家《いえ》を興《おこ》すことだけだ…
以後《いご》彼《かれ》は
家康の生涯《しょうがい》の戦《いくさ》で
「大坂《おおさか》の陣《じん》」を除《のぞ》くほとんどの戦に関《かか》わり
必《かなら》ずといっていいほど手柄《てがら》を立《た》てた

一言坂での信成の活躍を描いた
明治期の錦絵「味方ヶ原合戦之図」
楊洲周延筆

「長篠《ながしの》・設楽原《したらがはら》の戦《たたか》い」では
信成は大久保忠世《おおくぼただよ》・忠佐《ただすけ》とともに先鋒《せんぽう》を命《めい》ぜられた
弾正山《だんじょうやま》（家康本陣《ほんじん》）
織田信長《おだのぶなが》
徳川どの あの者《もの》は
わが家中《かちゅう》の内藤信成でござる
ほぉ…
おお 内藤信成と いえば
たしか 噂では 徳川どのの…
何《なん》だ
…ほう
戦《いくさ》のあと
信成は 織田信長に 呼《よ》ばれ
あの 織田信長公《こう》に 拝謁《はいえつ》するとは
武人《ぶじん》として 何《なん》とも 名誉《めいよ》なことだ
信成
織田殿は 今日《きょう》の勇者《ゆうしゃ》の そなたの顔《かお》を よく見《み》たいそうだ
その 面頬《めんぼお》をとれ
すこし変《か》わった 「ほうび」を 与《あた》えられたという

は…
何《なに》をしておる
早《はや》く外《はず》さぬか
プッ
オオ…
何とウリ二つな
よい
下《さ》がれ
後世の
内藤家の
記録は
「名誉な
出来事」
として
〝織田信長からの
たっての
願いにより〟
信成が
面頬を取り
その面を見せた
…と
記している

その後《ご》も信成は数々《かずかず》の戦《いくさ》に参加《さんか》し
常《つね》に大《おお》きな手柄《てがら》をあげた
しかしそれは自分《じぶん》にも配下《はいか》の兵《へい》にも大《おお》きな犠牲《ぎせい》を強《し》いる
生命《いのち》しらずの攻撃《こうげき》でもあった
なかなか落《お》ちない諏訪原城《すわはらじょう》を昼夜《ちゅうや》わかたず攻《せ》めて陥落《かんらく》させ
〝抜群《ばつぐん》の功《こう》〟を賞《しょう》せられた
「高天神城攻《たかてんじんじょうぜ》め」では火《ひ》を放《はな》って奮戦《ふんせん》
敵《てき》だけでなく味方《みかた》にも大《おお》きな死傷者《ししょうしゃ》を出《だ》した
また落城時《らくじょうじ》には敗残兵《はいざんへい》多数《たすう》を待伏《まちぶ》せて討取《うちと》り
こちらも多大《ただい》な死傷者を出《だ》した
「甲州《こうしゅう》攻め」では
行《い》く手《て》を遮《さえぎ》った敵《てき》を逆《ぎゃく》に急襲《きゅうしゅう》して一掃《いっそう》
敵味方《てきみかた》ともに多数《たすう》の死傷者《ししょうしゃ》を出《だ》した
「黒駒合戦《くろこまかっせん》」では北条《ほうじょう》への抑《おさ》えとして東郡《あずまぐん》へ置《お》かれ
歩卒《ほそつ》を率《ひき》いて接戦《せっせん》し
北条の兵《へい》30余《あまり》を討《う》ち取《と》る

※このころにはすでに所領を得て別家を立てていた。

オレは誰《だれ》よりも生命懸《が》けで戦《たたか》っている
出世《しゅっせ》してもそれはオレが殿《との》の弟だからじゃない!
誰《だれ》にも文句《もんく》は言《い》わさぬ
その働《はたら》きが認《みと》められ
信成《のぶなり》は甲斐《かい》の要所《ようしょ》である※常光寺城《じょうこうじじょう》6千石《せんごく》を与《あた》えられる

戦場《せんじょう》の働《はたら》きだけではなかった
「小田原《おだわら》の陣《じん》」では北条氏規《うじのり》の籠《こも》る韮山城《にらやまじょう》に乗《の》り込《こ》み説得《せっとく》・開城《かいじょう》をさせた
なかなか城を攻めおとせない豊臣軍の人々
なつかしいのう…竹千代《たけちよ》どのの弟御《おとうとご》ではないか!
氏規と家康は駿府で同《おな》じ人質だったので信成も顔見知《かおみし》りだったのである
あいかわらずそっくりだねー
信成はその功《こう》により
韮山1万石を与《あた》えられた
歴史上伊豆《れきしじょういず》に設置《せっち》された唯一《ゆいいつ》の藩《はん》韮山藩そのただ一人《ひとり》の主《あるじ》が内藤信成である
やがて時代《じだい》は再《ふたた》び乱《みだ》れ
「関ケ原《せきがはら》の戦《たたか》い」へと向《む》かう
前哨戦《ぜんしょうせん》となった「伏見城《ふしみじょう》の戦い」では
信成の義弟《ぎてい》内藤家長が
鳥居元忠《とりいもとただ》らとともに壮烈《そうれつ》な討《う》ち死《じ》にを遂《と》げた…
家長!そなたが先《さき》に死ぬとは…!

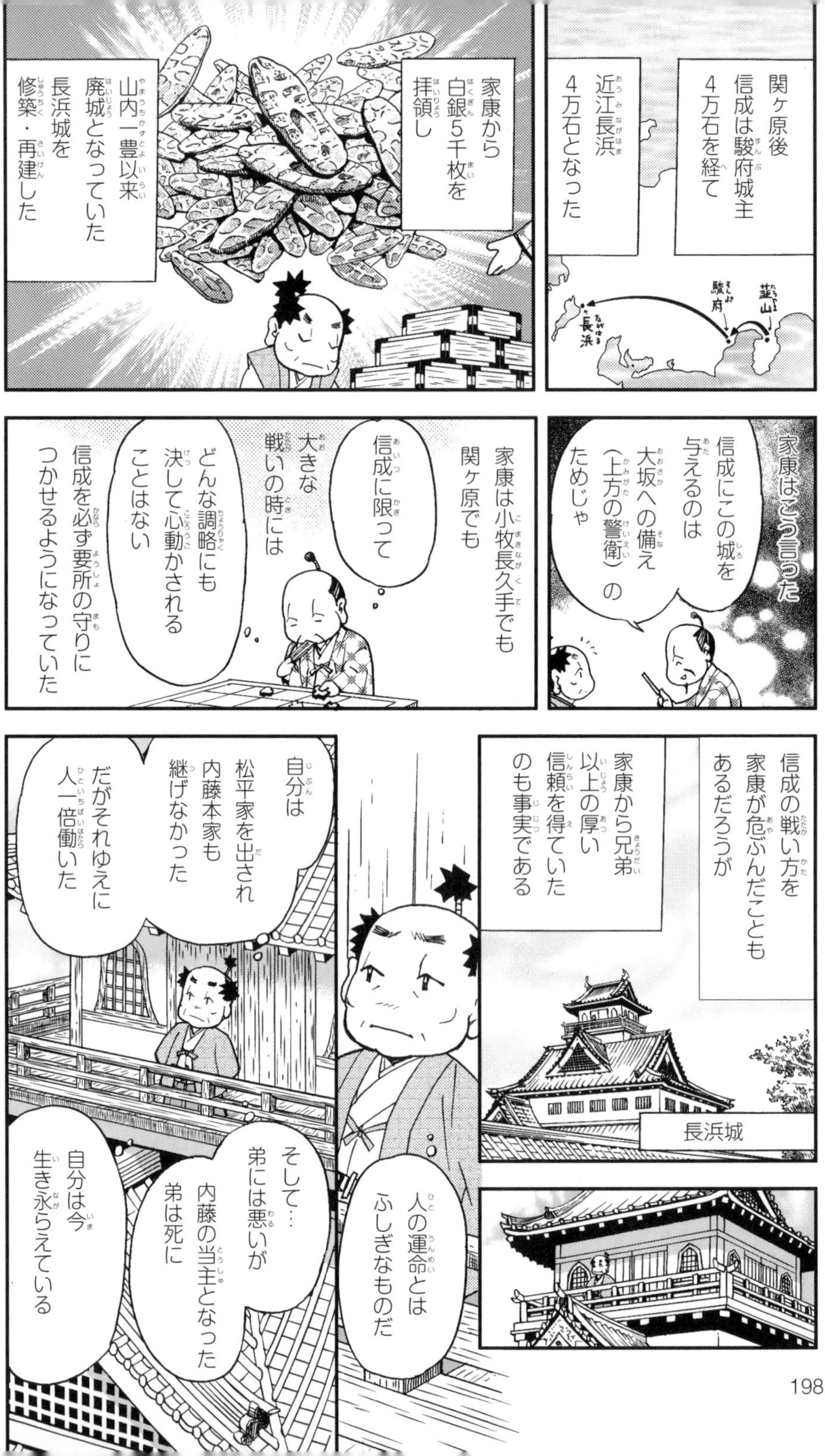
関ヶ原後 信成は駿府《すんぷ》城主 4万石を経《へ》て
近江長浜《おうみながはま》 4万石となった
韮山《にらやま》
駿府《すんぷ》
長浜《ながはま》
家康から 白銀《はくぎん》5千枚《まい》を 拝領《はいりょう》し
山内一豊《やまうちかずとよ》以来《いらい》 廃城《はいじょう》となっていた 長浜城を 修築《しゅうちく》・再建《さいけん》した
家康はこう言った
信成にこの城《しろ》を 与《あた》えるのは 大坂《おおさか》への備《そな》え （上方《かみがた》の警衛《けいえい》）の ためじゃ
家康は小牧長久手《こまきながくて》でも 関ヶ原でも
信成《あいつ》に限《かぎ》って
大《おお》きな 戦《たたか》いの時《とき》には どんな調略《ちょうりゃく》にも 決《けっ》して心動《こころうご》かされる ことはない
信成を必《かなら》ず要所《ようしょ》の守《まも》りに つかせるようになっていた
信成の戦《たたか》い方《かた》を 家康が危《あや》ぶんだことも あるだろうが
家康から兄弟《きょうだい》 以上《いじょう》の厚《あつ》い 信頼《しんらい》を得《え》ていた のも事実《じじつ》である
長浜城
自分《じぶん》は 松平家を出《だ》され 内藤本家も 継《つ》げなかった
だがそれゆえに 人一倍働《ひといちばいはたら》いた
人《ひと》の運命《うんめい》とは ふしぎなものだ
そして… 弟には悪《わる》いが 内藤の当主《とうしゅ》となった 弟は死に
自分は今《いま》 生《い》き永《なが》らえている

兄上
私は
内藤家の
人間《にんげん》です
今《いま》は自分の
生《う》まれを
誇《ほこ》りに思《おも》う
信成は1612年※
68才で
世《よ》を去《さ》った
※慶長17年
知行《ちぎょう》を持《も》たぬ
養子《ようし》の身《み》から
4万石になった
信成系《けい》内藤氏は
その後
幕末《ばくまつ》まで続《つづ》いた
内藤氏が
幕末《ばくまつ》を迎《むか》えた
新潟県村上市《にいがたけんむらかみし》
そこは今《いま》も
藩祖《はんそ》信成の
遺品《いひん》が大切《たいせつ》に
保管《ほかん》されている
その中の一《ひと》つ
〝御頬当《おほおあて》〟
信成が家康から
拝領《はいりょう》したと伝《つた》わる
内藤家の家宝《かほう》である
内藤信成着用頬当
（家康より拝領）
「内藤家譜」に「御頬当拝領」という記述があり、これはその現物である可能性が高い（当時は葵紋が入っていたと伝わる）。
あるいは
それは
主《あるじ》家康が
弟と呼《よ》べぬ
弟へ贈《おく》った
ささやかな
ねぎらいの気持《きも》ち
であったのかも
しれない

≪参考文献≫「寛政重修諸家譜」「藩翰譜」「三河後風土記大全」「長浜市史」「韮山町史」「雄踏町史」「村上郷土史」「青年美談」「光徳寺パンフレット」「藤基神社パンフレット」「村上郷土資料館所蔵資料リスト」「村上市歴史散歩」「刀剣春秋」（紙平成５年10月１日号）「新採史探甲」⑦「内藤信成とその具足」（中村達夫）
※資料提供・協力かしな様

イエ―ヤス
家長→
振苦楽

内藤信成　その他のエピソード集

暴れ馬を素手で生け捕ろうとする

信成《のぶなり》の若い頃、ある人が所有していた馬で非常に力が強く人間をも喰らうような暴れ馬が逃げてしまったことがあった。信成にばったり出会ったその馬は立ち上がって信成を喰らおうとした。信成は組み伏せようとしたがかなわず、仕方なく脇差《わきざし》で馬の喉笛《のどぶえ》を掻き切って馬を仕留めた。

しかし信成は、

「馬を素手で捉えられず切り捨ててしまったとは悔しいことだ。しかも他人の馬。殺してしまったからには切腹せねば」

というのを人々は押しとどめ、家康もそれを聞いて、

「普通の牛馬を殺したのとはわけが違う。死ぬ必要はない」

と信成を制した。

隣国の人もそれを伝え聞いて家康の制断に感心したという。

当時は他人の牛馬を殺したら死罪という法があったのであろうか。それにしても「暴れ馬を素手で捉えられなかった」のを悔しがっている信成の豪勇ぶりに驚かされるエピソードである。

義弟への思い？　長浜大通寺の本堂・大広間

信成と義弟内藤家長《いえなが》との交流を示すものはあまり残っていない。しかし掛川城《かけがわじょう》の戦いでは負傷した信成を家長が救出したという記述もあり、両者の仲は良かったと思われる（救出したのは義父清長《きよなが》とする史料もあり）。

信成が最後に治めた長浜の地。この長浜に現在もある古刹大通寺《こさつだいつうじ》の本堂と大広間には、家長が討ち死にした伏見城《ふしみじょう》の遺構が移築されており、現在でも使われている。

実際は遺構が移築されたのは信成死後（承応年間《じょうおうねんかん》：1652～1654）のことで、最初《さいしょ》大谷派本願寺《おおたにはほんがんじ》の御影堂《みえいどう》として移されたものをさらに大通寺に移築したとのことであるが、あるいは信成の遺志を受けた家族により、義弟が最期を迎えた建物を譲り受けたのかもしれない。

プリンセスは信成系内藤家の家臣の子孫

皇太子妃《こうたいしひ》雅子《まさこ》さまの先祖は村上藩内藤家に仕えた小和田新六《おわだしんろく》という柔術家《じゅうじゅつか》（制剛流《せいごうりゅう》）だったといわれ、第10代内藤信敦《のぶあつ》に仕えていたという記録がある。小和田家は幕末にはいくつかの分家に分かれ、雅子さまの家はその一つとされる。

内藤信成　ゆかりの地

①小松山誓願寺《こまつさんせいがんじ》（愛知県安城市姫小川町）

信成の父内藤清長《きよなが》の墓・清長の祖父といわれる重清の墓がある。境内には内藤家の居城・姫城の遺構（土塁と堀）が残る。

②稲荷山隣松寺《いなりさんりんしょうじ》

（愛知県豊田市幸町隣松寺）

家康公の上野城攻めの時には本陣とされた。こちらにも内藤清長の墓がある。細川《ほそかわ》氏三代（義季《よしすえ》、俊氏《としうじ》、公頼《きみより》）、松平忠吉《ただよし》らの墓がある。

③安寧寺《あんねいじ》（静岡県浜松市西区雄踏町山崎）

信成が手習いをしていたといわれる寺。

家康からの御朱印《ごしゅいん》も賜っており、内藤氏の家紋と葵紋の瓦がみられる。家康生母於大《せいぼおだい》の木像もある。

④長浜城《ながはまじょう》（滋賀県長浜市公園町）

信成が最晩年に治めた城。現在では再現天守が建ち、博物館として整備されている。

⑤無礙智山大通寺《むげちざんだいつうじ》

（滋賀県長浜市元浜町）

右ページでも紹介した義弟家長が討ち死にした伏見城の遺構が移築されている。

⑥知善院《ちぜんいん》（滋賀県長浜市元浜町）

信成の位牌が納められた寺。位牌は明和7年に新しく作られ直したという。大坂城落城の時に持ち出されたといわれる豊臣秀吉の木像があることで有名。

⑦彦根城《ひこねじょう》（滋賀県彦根市金亀町）

彦根城天秤櫓《てんびんやぐら》は内藤家移封後の長浜城大《おお》手門《てもん》を移築したものだといわれている。棟瓦の鬼板に内藤家の家紋の入った紋瓦が残っていたことで裏付けられた。

⑧藤基神社《ふじもとじんじゃ》（新潟県村上市三之町）

祭神は内藤信成。子孫5代弌信《かずのぶ》が江戸藩邸に霊廟を建てたのがはじまり。11代信親《のぶちか》が領国村上城内に社殿を建てて分祀《ぶんし》した。

⑨常照山光徳寺《じょうしょうざんこうとくじ》（新潟県村上市羽黒口）

信成を始祖とする内藤氏歴代の墓所がある。また信成が徳川将軍家と近い血縁関係にあったため、内藤氏12柱の位牌とともに徳川将軍家の位牌13柱が安置されている。

⑩護国山安泰寺《ごこくさんあんたいじ》（新潟県村上市塩町）

信成が本体如然清庵徹禅師を招いて開いた寺。内藤氏の移封とともに村上に移り、藩主の学問所でもあった。参道には立ち姿の九品仏がある。

⑪村上市郷土資料館《むらかみしきょうどしりょうかん》

（おしゃぎり会館）

（新潟県村上市三之町）

信成の肖像画・具足・家康公から拝領した頬当てなどを収蔵展示している。

本書で取り上げた各武将「ゆかりの地」掲載の西三河地方の名所（主なものを抜粋）

安城城址	松平清康が岡崎に移る前の松平氏の居城。忠勝の父・祖父は安城城攻防戦で命を落とした。
安心院	成瀬正成以前の成瀬氏の菩提寺。
伊賀八幡宮	松平・徳川の氏神。ここの宮司によって忠勝の鹿角兜が作られたという伝説がある。
井田城址	酒井氏居城址。酒井忠次生誕地。
上野城址	上野上村城。酒井忠尚居城。「榊原康政生誕碑」が建つが、実際は忠尚配下の内藤氏が守護。
小川城址	石川数正の先祖である石川氏三代（政康・康長・春重）の館跡。現在は公園。
欠城址	忠勝の叔父・忠真の居館址。現在は大平八幡宮。
影山城址	成瀬氏居館。現在は民家。
西岸寺	忠勝の位牌が安置されている。
西光寺	桶狭間から大樹寺に逃げてきた家康を守るために戦った僧たちを弔った大衆塚がある。
榊原氏居城址	上野下村城。実際はこちらが康政生誕地らしい。
桜井城址	松平信定居城址。実際は最晩年に少し住んだ程度であったらしい。西側に信定の墓がある。
随念寺	家康により創建。清康の墓・肖像画がある。非公開。
大樹寺	松平・徳川の菩提寺。伝説では桶狭間の後、康政と忠勝・家康がここで出会ったとされる。
大林寺	清康の墓がある。駿府に人質に行く家康がここに立ち寄り、残していったとされる石がある。
洞城址	忠勝が幼い頃母とともに移り住んだとされる居館址。
鳥居氏発祥地	鳥居氏は代々ここで川の通行を管理していたとされる。
土呂八幡宮	数正が建てたとされる。近くには数正の居城である土呂城址もある。
福釜城址	松平信定の弟・福釜松平親盛の居城址。現在は民家の敷地内に祠があるのみ。
福釜神明神社	親盛が建立したとされる神社。
宝泉院	福釜松平家菩提寺。
菩提寺	桜井松平家菩提寺。信定の墓がある。
本宗寺	一揆の後破却されたが数正の叔母によって再建された寺院。数正の墓とされるものがある。
本證寺	石川氏が代々大檀那を勤めた三河一向宗の代表的寺院。
松平墓地	福釜松平三代（親盛・親次・親俊）の墓と、少し離れて四代・五代の墓もある。
三嶋神社	鳥居氏の氏神。
妙源寺	忠勝が学問を習ったとされる寺。忠勝の父と祖父の墓の他、多くの三河武士の墓がある。
龍海院	清康が「是」の字を握る夢（是は日下人で天下の意）を見たことから建てられた寺。
蓮泉寺	数正の先祖・政康の四男を開祖とする寺。
若宮八幡宮	家康の息子信康の墓がある。
渡古戦場址	松平広忠と叔父信孝の戦い。鳥居元忠の兄忠宗

制作協力：市橋章男（おかざき塾歴史教室主宰）

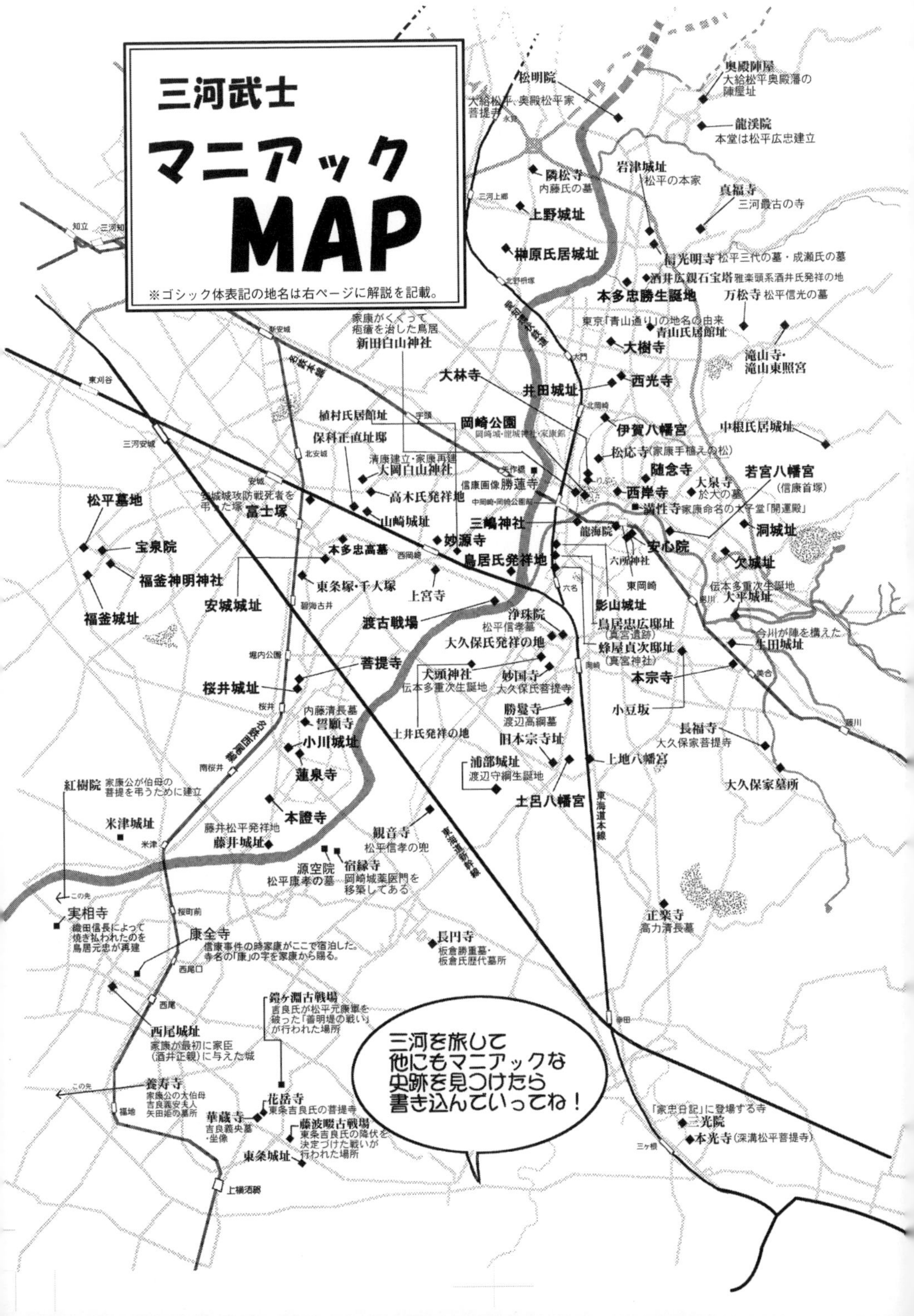
三河武士
マニアック
MAP
※ゴシック体表記の地名は右ページに解説を記載。
松明院
大給松平・奥殿松平家
菩提寺
奥殿陣屋
大給松平奥殿藩の
陣屋址
龍渓院
本堂は松平広忠建立
隣松寺
内藤氏の墓
岩津城址
松平の本家
真福寺
三河最古の寺
上野城址
榊原氏居城址
信光明寺 松平三代の墓・成瀬氏の墓
酒井広親石宝塔 雅楽頭系酒井氏発祥の地
本多忠勝生誕地
万松寺 松平信光の墓
東京「青山通り」の地名の由来
青山氏居館址
大樹寺
滝山寺・
滝山東照宮
家康がくぐって
疱瘡を治した鳥居
新田白山神社
大林寺
西光寺
井田城址
植村氏居館址
岡崎公園
岡崎城・龍城神社・家康館
伊賀八幡宮
中根氏居城址
保科正直址邸
松応寺(家康手植えの松)
清康建立・家康再建
大岡白山神社
随念寺
若宮八幡宮
(信康首塚)
西岸寺
大泉寺
於大の墓
信康画像勝蓮寺
高木氏発祥地
満性寺 家康命名の太子堂「開運殿」
松平墓地
安城城攻防戦死者を
弔った塚
富士塚
山崎城址
三嶋神社
洞城址
龍海院
宝泉院
本多忠高墓
妙源寺
安心院
六所神社
欠城址
福釜神明神社
鳥居氏発祥地
東条塚・千人塚
上宮寺
東岡崎
安城城址
伝本多重次生誕地
大平城址
影山城址
福釜城址
渡古戦場
浄珠院
松平信孝墓
鳥居忠広邸址
(真宮遺跡)
今川が陣を構えた
生田城址
大久保氏発祥の地
蜂屋貞次邸址
(真宮神社)
菩提寺
大頭神社
伝本多重次生誕地
妙国寺
大久保氏菩提寺
本宗寺
桜井城址
内藤清長墓
誓願寺
勝鬘寺
渡辺高綱墓
小豆坂
土井氏発祥の地
長福寺
大久保家菩提寺
小川城址
旧本宗寺址
蓮泉寺
浦部城址
渡辺守綱生誕地
上地八幡宮
紅樹院 家康公が伯母の
菩提を弔うために建立
土呂八幡宮
大久保家墓所
本證寺
米津城址
藤井松平発祥地
藤井城址
観音寺
松平信孝の兜
源空院
松平康孝の墓
宿縁寺
岡崎城薬医門を
移築してある
この先
実相寺
織田信長によって
焼き払われたのを
鳥居元忠が再建
康全寺
信康事件の時家康がここで宿泊した。
寺名の「康」の字を家康から賜る。
正築寺
高力清長墓
長円寺
板倉勝重墓・
板倉氏歴代墓所
鎧ヶ淵古戦場
吉良氏が松平元康軍を
破った「善明堤の戦い」
が行われた場所
西尾城址
家康が最初に家臣
(酒井正親)に与えた城
三河を旅して
他にもマニアックな
史跡を見つけたら
書き込んでいってね!
この先
養寿寺
家康公の大伯母
吉良義安夫人
矢田姫の墓所
花岳寺
東条吉良氏の菩提寺
華蔵寺
吉良義央墓
・坐像
藤波畷古戦場
東条吉良氏の降伏を
決定づけた戦いが
行われた場所
「家忠日記」に登場する寺
三光院
本光寺(深溝松平菩提寺)
東条城址
東海道本線
知立
三河知立
新安城
東刈谷
三河安城
安城
北安城
西岡崎
碧海古井
堀内公園
桜井
南桜井
米津
桜町前
西尾口
西尾
福地
上横須賀
三河上郷
北野桝塚
大門
北岡崎
岡崎
六名
美合
藤川
幸田
三ヶ根
中岡崎
宇頭
矢作橋
名鉄西尾線
名鉄本線
東海道新幹線
愛知環状鉄道

波乱に富んだ徳川家の戦国史を詳述

徳川家関連年表

西三河（現・愛知県）の地方領主だった松平氏（宗家は後に徳川と改姓）は。初代親氏から数えて9代目にあたる家康の時代に飛躍的な発展を遂げていった。松平家の一門衆や家臣団には多彩な人材がおり、家康の領土拡大にも大きく貢献している。ここでは、徳川家（松平家）の戦国時代の歴史的事象をご紹介する。

年(和暦)	月	できごと
1511(永正8)年	9月	松平清康（家康祖父）が誕生する
1526(大永6)年	4月	松平広忠（清康長男・家康父）が誕生する
1531(享禄4)年		清康、この頃までに三河国統一を果たす
1535(天文4)年	12月	清康が、尾張国守山への出陣中に、家臣阿部正豊に殺害される（守山崩れ）。享年25。三河国桜井城主松平信定が甥に当たる清康の死に乗じて独立を計り同国岡崎城を占拠。城主である広忠は伊勢に逃れる
1537(天文6)年	6月	広忠が、今川氏の支援を得て岡崎城を奪還。信定は広忠に帰順
1542(天文11)年	12月	徳川家康（広忠長男）が誕生する（ユリウス暦では1543年1月）
1547(天文16)年		家康、人質として駿河今川家の下へ赴くも、途上において尾張織田家に捕らえられる
1549(天文18)年	3月	広忠が死去する。享年24。広忠の死後、家康の身柄は織田家から今川家に引き渡され、今川家の人質となる
1555(弘治元)年	11月	家康、駿河今川家の下で元服
1559(永禄2)年	5月	松平信康（家康長男）が誕生する
1560(永禄3)年	5月	家康、今川義元の軍勢の先鋒として従軍。桶狭間の戦いで義元が戦死した後、三河国岡崎城に入城する
1561(永禄4)年	4月	家康、今川氏真と断交、今川家方の三河国牛久保城を攻撃
1562(永禄5)年	正月	家康、尾張国清洲に赴き、織田信長と同盟を結ぶ
1563(永禄6)年		三河の一向一揆蜂起。家康の家臣中からも一揆与党が発生
1564(永禄7)年	2月	家康、三河の一向一揆を鎮圧
	6月	家康、三河国吉田城を攻略し、同城城代として酒井忠次を配す。以降酒井忠次は、東三河の徳川氏家臣団の統率を担当
1566(永禄9)年	12月	家康、従五位下三河守に叙任される。同時に姓を「松平」から「徳川」へ改める
1568(永禄11)年	9月	織田信長、足利義昭を奉じて上洛。家康は、信長に援軍を派遣
	12月	甲斐武田氏が、駿河国の今川家領に侵攻。家康は、武田家と同盟を締結、これに呼応する形で遠江の今川家領に侵攻。後に武田氏家臣の秋山虎繁が遠江国に侵攻したことで、家康は武田家と断交する
1568(永禄12)年	5月	家康が、遠江国掛川城に拠る今川氏真と和睦、同城を支配下に置く
1570(元亀元)年	6月	家康が、三河国岡崎城から遠江国浜松城に居城を移す。織田信長の近江浅井家攻撃に従軍、近江姉川で浅井家・朝倉氏連合家を破る（「姉川の戦い」）
1571(元亀2)年	12月	北条氏政、自身の庇護下にあった今川氏真を放逐。武田信玄と同盟（甲相同盟）を締結。家康、放逐された氏真を浜松において保護
1572(元亀3)年	10月	武田信玄、自ら兵を率いて遠江・三河の徳川氏領への侵

	(10月)	攻を開始。家康、遠江国三方ヶ原において武田氏と戦い、敗れる（「三方ヶ原の戦い」）。
1573(天正元)年	4月	武田信玄の発病により、三河侵攻中の武田軍が甲斐へ撤兵。信玄は、撤退の途上で死去する
	5月	家康、武田家の撤退を受け、駿河へ侵攻すると共に、遠江国に砦を築き、防備を固める
	9月	家康、武田家方の三河国長篠城を攻略する
1574(天正2)年	6月	武田軍が遠江国高天神城を攻撃、これを攻略する
1575(天正3)年	5月	徳川・織田連合軍が、三河国長篠城を攻めた武田勝頼を破る（「長篠・設楽原の戦い」）。以降、家康は、勝利に乗じる形で遠江国における失地回復に動く
	8月	家康が武田家方の遠江国諏訪原城（牧野城）を攻略する
	12月	家康が遠江国二俣城を攻略する
1579(天正7)年	4月	徳川秀忠（家康三男）が誕生する
	8月	家康、長男松平信康を三河国岡崎城から遠江国堀江城へ、次いで二俣城に移す
	9月	家康、信康に切腹を命じる。越後上杉家における「御館の乱」を契機に、甲相同盟が破綻。家康は、これをうけて、北条家との間に同盟を締結、以降遠江国の武田軍への攻撃を本格化する
1581(天正9)年	3月	家康が武田家方の遠江国高天神城を攻撃、榊原康政らの活躍により、これを攻略する
1582(天正10)年	3月	織田家が、武田氏領国への侵攻を開始。天目山麓田野の戦い後、武田勝頼が自害し、武田家は滅亡。家康は、武田氏家臣穴山信君と内通し、駿河から武田家領国へ侵攻、駿河国の武田家領を支配下に置く
	6月	「本能寺の変」により織田信長とその長男の信忠が自害。堺に滞在中の家康は、服部正成の先導により伊賀・伊勢を経て三河国に帰国
	7月	家康、甲斐国甲府に出陣するとともに、酒井忠次に信濃国の経営を命じる
	8月	家康、甲斐国新府城付近で、後北条氏の軍勢と対陣
	10月	徳川家と北条家の和睦・同盟が成立。甲斐国・信濃国が徳川家領となる
	12月	家康、平岩親吉を甲斐郡代に任じ、鳥居元忠等とともに甲斐国の守備に当たらせる
1584(天正12)年	3月	織田信雄（信長次男）が、家康と同盟を結び親羽柴秀吉派の家臣を粛正。これを受けて秀吉は、信雄討伐のため尾張国に出陣（「小牧・長久手の戦い」）
	4月	家康、長久手において秀吉軍を破る
	11月	秀吉と信雄・家康の間に講和が成立し、「小牧・長久手の戦い」が終結
1585(天正13)年	7月	豊臣秀吉が関白に叙任される（豊臣政権の確立）
	8月	家康、沼田城割譲を巡る北条家・真田家の対立に伴い、北条家と共に真田家の本拠である信濃国上田を攻撃（「第1次上田合戦」）
	11月	徳川家重臣の石川数正が羽柴秀吉の元へ出奔。これにより徳川軍は上田から撤兵
1586(天正14)年	5月	秀吉、妹旭姫を家康に嫁す
	10月	家康が上洛し、大坂城で秀吉に謁する（徳川家の豊臣家臣化）
	12月	家康、駿河国駿府城を修築し、浜松城から居城を移すとともに、板倉勝重を駿府町奉行に任じる
1588(天正16)年	8月	家康、秀吉と北条家の講和を斡旋
1590(天正18)年	3月	秀吉、北条家討伐のために相模国小田原へ出陣。家康もこれに従軍する。（「小田原攻め」の勃発）
	7月	北条家が降伏。秀吉、家康の領国を三河・遠江・駿河・信濃・甲斐の五カ国から旧北条家領である伊豆・相模・武蔵・上野・下野・下総の六カ国に改める（関東移封）
	8月	家康、江戸城に入り、板倉勝重を江戸町奉行に任じるとともに、徳川家の諸将を関東六カ国の各地に封ずる
1591(天正19)年	6月	秀吉、奥州平定のため、豊臣秀次を大将とする軍を派遣。家康もこれに従軍し、平定に貢献
1592(文禄元)年	6月	家康、朝鮮出兵開始に伴い、肥前名護屋に出陣

年	月	事項
1595(文禄4)年	8月	家康、豊臣秀次の切腹事件を受け、秀吉とその嫡子拾丸(秀頼)に対して異心の無い旨、起請文を提出
1598(慶長3)年	8月	秀吉が死去。享年62。死の直前、家康らを五大老に任じ、嫡子秀頼を託す
1599(慶長4)年	3月	家康、黒田長政・加藤清正らと石田三成の対立を仲裁
	9月	家康、増田長盛・長束正家の密告を受け、自身の暗殺を企てた浅野長政らを処分。さらに加賀の前田利長の征伐を検討するも、利長の人質提出を受けてこれを中止
1600(慶長5)年	6月	家康、上杉景勝征伐のため会津へ出陣
	7月	石田三成ら、家康出陣の隙を窺い挙兵し京都伏見城を攻撃、伏見城将鳥居元忠・松平家忠らが戦死。家康は、三成挙兵の報を得て下野国小山において諸将と対応を協議、三成討伐の方針を決定
	9月	家康、美濃国関ヶ原において石田三成と合戦し、これを破る(「関ヶ原の戦い」)。石田三成を捕縛し、京都六条河原にて処刑
	10月	家康、関ヶ原の戦い及びその戦後処理の功により石田三成の旧領近江国佐和山を井伊直政に与える
		この年、家康、成瀬正成らを和泉国堺政所に任じ、同所の支配に当たらせる。(堺奉行の成立)
1601(慶長6)年	2月	家康、「関ヶ原の戦い」の戦後処理として大規模な国替を実施。西軍所属の大名の改易を行うとともに、大久保忠佐・内藤信成・平岩親吉・本多忠勝・松平忠利(家忠嫡子)ら重臣を、譜代大名として関東・東山・東海の諸国に配す
	8月	家康、板倉勝重を京都所司代に任じる
1603(慶長8)年	1月	家康、五郎太(家康九男、後の徳川義利)を甲府藩主とするのにあたり、平岩親吉を家老・傅役に任じる
	2月	家康、伏見城において源氏長者の地位を認められ、征夷大将軍・淳和奨学両院別当・右大臣に任じられる。(江戸幕府の成立)
	3月	家康、参内し、将軍拝賀の儀を行う
1604(慶長9)年	7月	徳川家光(秀忠次男)が誕生する
1605(慶長10)年	4月	家康、征夷大将軍を辞し、新たに嫡男秀忠に将軍宣下がなされる。秀忠は、これを受けて将軍拝賀の儀を行う
1607(慶長12)年	2月	家康、武蔵国江戸城から駿河国駿府城へ移る
	4月	甲府藩主徳川義利(義直)、兄松平忠吉の死去に伴い、尾張清洲藩主の地位を継承
1609(慶長14)年	12月	徳川頼房(家康十一男)、同母兄頼宣に代わり常陸国水戸に封ぜられる(水戸徳川家の成立)
1610(慶長15)年	2月	家康、名古屋城の築城を命じるとともに、清洲藩主徳川義利を藩主として尾張名古屋藩を立藩(尾張徳川家の成立)。義利付家老平岩親吉らが、同地で政務に当たる
1611(慶長16)年	3月	家康、二条城で豊臣秀頼と謁見。徳川の豊臣に対する優位を示す
1612(慶長17)年	1月	家康、渡辺守綱らを名古屋藩主徳川義利付の家臣とし、同藩の体制・防備を固める
1614(慶長19)年	8月	方広寺鐘銘事件を契機に徳川家・豊臣家間の関係が悪化
	9月	家康、豊臣家の軍備増強を理由に豊臣家に対し、宣戦布告(「大坂の陣」)
	11月	家康、大坂城攻撃のため出陣
	12月	家康、豊臣家に対し和睦を提案。豊臣家はこれを受諾。成瀬正成ら、和睦の条件とされた大坂城の堀の埋め立てに従事
1615(慶長20)年	5月	家康、再度大坂城を攻撃、落城させる。豊臣秀頼が自害し、豊臣家は滅亡する
	7月	幕府、禁中並公家諸法度・武家諸法度などの諸法令を制定。秀忠、伏見城において武家諸法度を諸大名に発布
1616(元和2)年	3月	家康、太政大臣に任じられる
	4月	駿府城において家康が死去する。享年75
1617(元和5)年	1月	平岩親吉家の断絶に伴い、成瀬正成が尾張藩付家老・犬山城主となる
	7月	秀忠が、徳川頼宣(家康十男)を紀伊国和歌山に配置する(紀伊徳川家の成立)、福島正則旧領安芸広島に浅野長晟を配置するなど大規模な国替を実施

あとがき

この本は16年にわたりコツコツと描き溜めてきた徳川家臣の伝記マンガを一冊にまとめていただいたものです。

きっかけは岡崎市が年一回発行している雑誌『岡崎文化』に徳川家臣（三河武士）の伝記マンガを描きはじめたことからでした。当時の自分はアシスタントをしながら出版社にマンガを持ち込む生活をしておりましたが、その中で自分が地元三河についてあまり知らないことに気づかされました。地方人同士が集まってお国自慢をしていても何も話せない。それはさすがに情けない…そう思い始めた矢先だったのです。

三河武士というものを調べてみれば少しは地元に詳しくなれるんじゃないか…と最初は軽い気持ちで描き始めたのでした。しかしいざ始めると読むべき文献の多さと広がりと多様さ、なにより文献を読んで「こんなすごい人がいたのか！」という新鮮な驚き…。ずぶずぶとはまっていき、いつの間にか「マイナーな徳川家臣の人生をマンガにする」ことが自分のライフワークのようになっていきました。

やがて描き溜めた作品をまとめて『マンガで読む三河武士列伝』（1～3巻）というタイトルで出版しました。今回そんな作品たちに、新規描き下ろし原稿を加えた新しい本が全国発売されることになりました。きっかけは、歴史家の平山優先生が拙作をお買い上げのうえお読みくださり、戎光祥出版の伊藤光祥社長にご推薦くださったことからでした。この本が世に出たのは平山先生のおかげです。この場をお借りして先生に心から感謝を申し上げます。また戎光祥出版には、このような本を世に出してくださったばかりか、小和田哲男先生という素晴らしい監修者を選んで下さったことにも感謝いたします。

この本には、あまり派手ではないものの家康公の天下取りのため、あるいは自分が大切に思っていることのためにただ黙々と戦い死んでいった武将たちが描かれています。もし読んでいただいた後で、だれか一人でも、皆さんの人生にシンクロするような、心に残る武将がいれば幸せです。

すずき孔

【著者紹介】
すずき 孔（すずき こう）

愛知県西尾市出身。マンガ家。大学在学中の1992（平成4）年、『週刊少年チャンピオン』でマンガ家デビュー。2009（平成21）年には井伊直政を主人公とする『紅塵賦』が、第一回プロダクションI.G×MAG大賞（審査員長／押井守）の佳作を受賞。主な作品に『茶の涙』（マッグガーデン刊／大阪国際マンガグランプリCOOL JAPAN作品賞受賞）、『角川まんが学習シリーズ日本の歴史第13巻』（KADOKAWA刊、監修／山本博文）（以上P.N.水面かえる）、『まんが 織田信長公伝・麒麟の城』（小牧市制作、原作／入谷哲夫）、『りにもが見た　小牧長久手の戦い』（長久手市制作、監修／小和田哲男）、『マンガで読む真田三代』（戎光祥出版刊、監修／平山優）、『マンガ霊仙三蔵』（監修／霊仙三蔵顕彰の会）、『マンガで読む井伊直政とその一族』（戎光祥出版刊、監修／小和田哲男）、『マンガで読む 武田二十四将』（戎光祥出版刊、監修／平山優）『マンガ元三大師良源』（栄光山玉泉寺、監修／武覚超）、『マンガ沼津兵学校』（沼津史談会）、『マンガで行く吉良氏800年の旅』（西尾市文化遺産地域活性化実行委員会）、『角川マンガ学習シリーズ世界の歴史19』（KADOKAWA刊、監修／羽田正）、『デジタルツールで描く！明治大正時代の洋装和装の描き方』共著（マイナビ出版）、『イラストでわかる武士の装束』共著（玄光社刊、執筆・監修/樋口隆晴）などがある。横浜市在住。

【監修者紹介】
小和田哲男（おわだ てつお）

1944（昭和19）年、静岡県出身。歴史学者。1972（昭和47）年、早稲田大学大学院文学研究科博士課程修了。静岡大学教育学部教授、教育学部長、附属図書館長などを歴任。2007（平成19）年に同大学を定年退官。現在は静岡大学名誉教授。戦国時代史研究の第一人者として各方面で活躍しており、著書多数。NHK大河ドラマの時代考証や、歴史番組の解説を担当、そのわかりやすさには定評がある。

マンガで読《よ》む 戦国《せんごく》の徳川武将列伝《とくがわぶしょうれつでん》

2016年8月18日　初版初刷発行
2022年5月20日　初版３刷発行

著　者　すずき孔
監　修　小和田哲男

発行人　伊藤光祥
発行所　戎光祥出版株式会社
〒102-0083　東京都千代田区麹町1-7　相互半蔵門ビル8F
TEL:03-5275-3361（営業）　03-5275-3362（編集）
FAX:03-5275-3365

製作協力　市橋章男　かしな　松村由紀　沙弥
装　　丁　山添創平
編集・制作　株式会社イズシエ・コーポレーション
印刷・製本　株式会社シナノパブリッシングプレス

ISBN 978-4-86403-208-7